Apresentação da Filosofia

Apresentação da Filosofia
André Comte-Sponville

Tradução
EDUARDO BRANDÃO

martins fontes
selo martins

Esta obra foi publicada originalmente em francês com o título
PRÉSENTATIONS DE LA PHILOSOPHIE
por Albin Michel, Paris.
Copyright © Éditions Albin Michel, 2000.
Copyright © 2002, Livraria Martins Fontes Editora Ltda.,
São Paulo, para a presente edição.

1ª edição *2002*
3ª tiragem *2011*

Tradução
EDUARDO BRANDÃO

Revisão gráfica
Sandra Regina de Souza
Ivete Batista dos Santos
Produção gráfica
Geraldo Alves
Paginação/Fotolitos
Studio 3 Desenvolvimento Editorial

Dados Internacionais de Catalogação na Publicação (CIP)
(Câmara Brasileira do Livro, SP, Brasil)

Comte-Sponville, André, 1952-
 Apresentação da Filosofia / André Comte-Sponville ; tradução Eduardo Brandão. – São Paulo : Martins Fontes, 2002. – (Mesmo que o céu não exista)

 Título original: Présentations de la philosophie.
 Bibliografia.
 ISBN 978-85-336-1715-5

 1. Filosofia I. Título. II. Série.

02-5646 CDD-194

Índices para catálogo sistemático:
1. Comte-Sponville, A. : Filosofia francesa 194

Todos os direitos desta edição reservados à
Martins Editora Livraria Ltda.
Av. Dr. Arnaldo, 2076
01255-000 São Paulo SP Brasil
Tel. (11) 3116.0000
info@martinseditora.com.br
www.martinsmartinsfontes.com.br

A Christian Recchia

Apressemo-nos a tornar a filosofia popular!

Diderot

Índice

Preâmbulo 11

1. A moral 17
2. A política 27
3. O amor 37
4. A morte 47
5. O conhecimento 55
6. A liberdade 65
7. Deus 77
8. O ateísmo 89
9. A arte 101
10. O tempo 111
11. O homem 125
12. A sabedoria 135

Bibliografia 145
Bibliografia complementar 159

Preâmbulo

Filosofia: doutrina e exercício da sabedoria (e não simples ciência).

Kant

Filosofar é pensar por conta própria; mas só se consegue fazer isso de um modo válido apoiando-se primeiro no pensamento dos outros, em especial dos grandes filósofos do passado. A filosofia não é apenas uma aventura; também é um trabalho, que requer esforços, leituras, ferramentas. Os primeiros passos costumam ser rebarbativos, e já desanimaram mais de um. Foi o que me levou, nestes últimos anos, a publicar alguns "Cadernos de filosofia". De que se tratava? De uma coleção de iniciação à filosofia: doze pequenos volumes, cada um deles constituído de cerca de quarenta textos escolhidos, em geral breves, abrindo com uma Apresentação de algumas páginas, na qual eu procurava dizer, sobre determinada noção, o que me parecia essencial...

Essas doze Apresentações, revistas e sensivelmente aumentadas, constituem o presente volume. A modéstia do objetivo continua sendo a mesma: trata-se sempre de uma iniciação, digamos de uma porta de entrada, entre tantas outras possíveis, para a filosofia. Mas que deixa ao leitor o cuidado, uma vez lido este livro, de descobrir as obras, como terá de fazer mais cedo ou mais tarde, e constituir, se quiser, sua própria antologia... Vinte e cinco séculos de filosofia são um tesouro inesgotável. Se este livrinho der, a um ou outro, vontade de se aprofundar um pouco mais, se puder ajudá-lo a encontrar na filosofia luzes e prazer, não terá sido escrito em vão.

Quanto ao público visado, pensei primeiro nos adolescentes, antes de descobrir, sobretudo pela correspondência que recebi, que ia muito além deles. Mas desse *parti pris* inicial havia restado alguma coisa: a escolha de determinados exemplos, um determinado ponto de vista, um determinado tom, a insistência, às vezes, em determinado aspecto... Isso também explica o tratamento informal, que se impôs a mim — sem dúvida porque eu pensava muito mais em meus filhos, que são adolescentes, do que em meus alunos do ciclo médio ou superior, que nunca tratei de "você"... São características que, ao rever o conjunto, eu não quis modificar. Não há idade para filosofar; porém, os adolescentes, mais do que os adultos, precisam ser acompanhados ao fazê-lo.

O que é a filosofia? Já me expliquei muitas vezes a esse respeito, e faço-o mais uma vez no último destes capítulos. A filosofia não é uma ciência, nem mesmo um conhecimento; não é um saber a mais: é uma reflexão sobre os saberes disponíveis. É por isso que não se pode aprender filosofia, dizia Kant: só se pode aprender a *filosofar*. Como? Filosofando por conta própria: interrogando-se sobre seu próprio pensamento, sobre o pensamento dos outros, sobre o mundo, sobre a sociedade, sobre o que a experiência nos ensina, sobre o que ela nos deixa ignorar... Encontrar no caminho as obras deste ou daquele filósofo profissional, é o que se deve desejar. Com isso pensaremos melhor, mais intensamente, mais profundamente. Iremos mais longe e mais depressa. Mas esse autor, acrescentava Kant, "não deve ser considerado o modelo do juízo, mas simplesmente uma ocasião de se fazer um juízo sobre ele, até mesmo contra ele".

PREÂMBULO

Ninguém pode filosofar em nosso lugar. É evidente que a filosofia tem seus especialistas, seus profissionais, seus professores. Mas ela não é uma especialidade, nem uma profissão, nem uma disciplina universitária: ela é uma dimensão constitutiva da existência humana. Uma vez que somos dotados de vida e de razão, coloca-se para todos nós, inevitavelmente, a questão de articular uma à outra essas duas faculdades. É claro que podemos raciocinar sem filosofar (por exemplo, nas ciências), viver sem filosofar (por exemplo, na tolice ou na paixão). Mas não podemos, sem filosofar, pensar nossa vida e viver nosso pensamento: já que isso é a própria filosofia.

A biologia nunca dirá a um biólogo como se deve viver, nem se se deve, nem mesmo se se deve fazer biologia. As ciências humanas nunca dirão o que a humanidade vale, nem o que elas mesmas valem. Por isso é necessário filosofar: porque é necessário refletir sobre o que sabemos, sobre o que vivemos, sobre o que queremos, e porque nenhum saber basta para empreender essa reflexão nem nos dispensa dela. A arte? A religião? A política? São grandes coisas, mas também devem ser interrogadas. Ora, a partir do momento em que as interrogamos, ou nos interrogamos sobre elas um pouco profundamente, saímos delas, pelo menos em parte: já damos um passo para dentro da filosofia. Nenhum filósofo contestará que esta, por sua vez, tenha de ser interrogada. Mas interrogar a filosofia não é sair dela, é entrar nela.

Por que caminho? Segui aqui o único que conheço de fato, o da filosofia ocidental. O que não quer dizer que não haja outros. Filosofar é viver com a razão, que é universal. Como a filosofia poderia ser reservada a alguém? Ninguém ignora que há, especialmente no Oriente, outras tradições especulativas e espirituais. Mas não dá para falar de tudo e seria ridículo, de minha parte, pretender apresentar pensamentos orientais que só conheço, na maioria, de segunda mão. Não creio que a filosofia seja exclusivamente grega e ocidental. Mas, evidentemente, como todo o mundo, estou convencido de que há no Ocidente, desde os gregos, uma imensa tradição filosófica, que é a nossa, e é para ela, é nela, que gostaria de guiar o leitor. A ambição das Apresentações, sob a brevidade do objetivo, já é desmedidamente vasta. Isso deveria desculpar sua incompletude, que faz parte da sua definição.

Viver com a razão, dizia eu. Isso indica uma direção, que é a da filosofia, mas não poderia esgotar seu conteúdo. A filosofia é questionamento radical, busca da verdade global ou última (e não, como nas ciências, desta ou daquela verdade particular), criação e utilização de conceitos (mesmo que isso também se faça em outras disciplinas), reflexividade (volta do espírito ou da razão para si mesmo: pensamento do pensamento), meditação sobre sua própria história e sobre a história da humanidade, busca da maior coerência possível, da maior racionalidade possível (é a arte da razão, por assim dizer, mas que desembocaria numa arte de viver), construção, às vezes, de sistemas, elaboração, sempre, de teses, de argumentos, de teorias... Mas também é, e talvez antes de mais nada, crítica das ilusões, dos preconceitos, das ideologias. Toda filosofia é um combate. Sua arma? A razão. Seus inimigos? A tolice, o fanatismo, o obscurantismo. Seus aliados? As ciências. Seu objeto? O todo, com o homem dentro. Ou o homem, mas no todo. Sua finalidade? A sabedoria: a felicidade, mas na verdade. Tem pano para muita manga, como se diz; ainda bem, porque os filósofos gostam de arregaçá-las!

Na prática, os objetos da filosofia são incontáveis: nada do que é humano ou verdadeiro lhe é estranho. Isso não sig-

PREÂMBULO

nifica que todos tenham a mesma importância. Kant, numa passagem célebre da sua *Lógica*, resumia o domínio da filosofia em quatro questões: *Que posso saber? Que devo fazer? O que me é permitido esperar? O que é o homem?* "As três primeiras questões remetem à última", observava Kant. Mas as quatro desembocam, eu acrescentaria, numa quinta, que é sem dúvida, filosófica e humanamente, a questão principal: *Como viver?* A partir do momento em que tentamos responder a essa pergunta de modo inteligente, fazemos filosofia. E, como não se pode evitar formulá-la, é forçoso concluir que só se escapa da filosofia por tolice ou obscurantismo.

Deve-se fazer filosofia? Uma vez que fazemos essa pergunta, em todo caso, uma vez que tentamos responder a ela seriamente, já estamos fazendo filosofia. Isso não quer dizer que a filosofia se reduza à sua própria interrogação, menos ainda à sua autojustificação. Porque também fazemos filosofia, pouco ou muito, bem ou mal, quando nos interrogamos (de maneira ao mesmo tempo racional e radical) sobre o mundo, sobre a humanidade, sobre a felicidade, sobre a justiça, sobre a liberdade, sobre a morte, sobre Deus, sobre o conhecimento... E quem poderia renunciar a fazê-lo? O ser humano é um animal filosofante: só pode renunciar à filosofia renunciando a uma parte da sua humanidade.

É preciso filosofar, portanto: pensar tão longe quanto pudermos, e mais longe do que sabemos. Com que finalidade? Uma vida mais humana, mais lúcida, mais serena, mais razoável, mais feliz, mais livre... É o que se chama tradicionalmente de sabedoria, que seria uma felicidade sem ilusões nem mentiras. Podemos alcançá-la? Nunca totalmente, sem dúvida. Mas isso não nos impede de tender a ela, nem de nos aproximarmos dela. "A filosofia", escreve Kant, "é, para o homem, esforço em direção à sabedoria, esforço sempre não consumado." Mais uma razão para empreender esse esforço sem mais tardar. Trata-se de pensar melhor para viver melhor. A filosofia é esse trabalho; a sabedoria, esse repouso. O que é a filosofia? As respostas são tão numerosas, ou quase, quantos os filósofos. O que não impede, todavia, que elas se cruzem ou convirjam para o essencial. No que me diz respeito, tenho um fraco, desde os meus anos de estudo, pela resposta de Epicuro: "A filosofia é uma atividade que, por discursos e raciocínios, nos proporciona a vida feliz." É definir a filosofia por seu maior êxito (a sabedoria, a beatitude), o que, mesmo que o êxito nunca seja total, é melhor do que encerrá-la em seus fracassos. A felicidade é a meta; a filosofia, o caminho. Boa viagem a todos!

1

A moral

> *É melhor ser Sócrates insatisfeito do que um porco satisfeito; é melhor ser Sócrates insatisfeito do que um imbecil satisfeito. E, se o imbecil ou o porco são de opinião diferente, é que só conhecem um lado da questão: o deles. A outra parte, para fazer a comparação, conhece os dois lados.*
>
> JOHN STUART MILL

As pessoas se enganam sobre a moral. Em primeiro lugar, ela não existe para punir, para reprimir, para condenar. Para isso há os tribunais, os policiais, as prisões, que ninguém confundiria com uma moral. Sócrates morreu na prisão, mais livre, porém, do que seus juízes. É aí que a filosofia talvez comece. É aí que a moral começa, para cada um, e sempre recomeça: onde nenhuma punição é possível, onde nenhuma repressão é eficaz, onde nenhuma condenação, em todo caso nenhuma condenação exterior, é necessária. A moral começa onde somos livres: ela é essa liberdade mesma, quando ela se julga e se comanda.

Você bem que gostaria de roubar aquele disco ou aquela roupa na loja... Mas um segurança está observando, ou então há um sistema de vigilância eletrônica, ou simplesmente você tem medo de ser pego, punido, condenado... Não se trata de honestidade; trata-se de cálculo. Não é moral; é precaução. O medo do policial é o contrário da virtude, ou só tem a virtude da prudência.

Imagine, ao contrário, que você tenha aquele anel que Platão evoca, o célebre *anel de Giges*, que tornaria você invisível sempre que você desejasse... É um anel mágico, que um pastor encontra por acaso. Basta virar a pedra do anel para dentro da palma para se tornar totalmente invisível, e virá-la para fora para ficar novamente visível... Giges, que antes era tido como um homem honesto, não foi capaz de resistir às tentações a que esse anel o submetia: aproveitou seus poderes mágicos para entrar no palácio, seduzir a rainha, assassinar o rei, tomar o poder, exercê-lo em seu único e exclusivo benefício... Quem conta a coisa, em *A república*, conclui que o bom e o mau, ou os assim considerados, só se distinguem pela prudência ou pela hipocrisia, em outras palavras, pela importância desigual que dão ao olhar alheio ou por sua habilidade maior ou menor para se esconder... Se ambos possuíssem o anel de Giges, nada mais os distinguiria: "ambos tenderiam para o mesmo fim". Isso equivale a sugerir que a moral não passa de uma ilusão, de uma mentira, de um medo maquiado de virtude. Bastaria poder ficar invisível para que toda proibição sumisse e que, para cada um, não houvesse mais do que a busca do seu prazer ou do seu interesse egoístas.

    Será verdade? Platão, claro, está convencido do contrário. Mas ninguém é obrigado a ser platônico... A única resposta válida, para você, está em você. Imagine, é uma experiência de pensamento, que você tem esse anel. O que você faria? O que não faria? Continuaria, por exemplo, a respeitar a propriedade do outro, a intimidade dele, seus segredos, sua liberdade, sua dignidade, sua vida? Ninguém pode responder em seu lugar: essa questão só se dirige a você, mas a você por inteiro. O que você não faz, mas faria, se fosse invisível, decorre menos da moral do que da prudência ou da hipocrisia. Em compensação, o que, mesmo invisível, você continuaria a se impor ou a se proibir, não por interesse, mas

A MORAL

por dever, só isso é estritamente moral. Sua alma tem a pedra de toque dela. Sua moral tem a pedra de toque dela, em que você julga a si mesmo. Sua moral? O que você exige de você mesmo, não em função do olhar alheio ou de determinada ameaça exterior, mas em nome de certa concepção do bem e do mal, do dever e do proibido, do admissível e do inadmissível, enfim, da humanidade e de você mesmo. Concretamente: o conjunto das regras a que você se submeteria, *mesmo que fosse invisível e invencível*.

É muito? É pouco? Cabe a você decidir. Você aceitaria, por exemplo, se pudesse ficar invisível, mandar condenar um inocente, trair um amigo, martirizar uma criança, estuprar, torturar, assassinar? A resposta depende única e exclusivamente de você; você, moralmente falando, depende única e exclusivamente da sua resposta. Não tem o anel? Isso não o dispensa de refletir, de julgar, de agir. Se há uma diferença que não seja apenas aparente entre um canalha e uma pessoa de bem, é que o olhar dos outros não é tudo, que a prudência não é tudo. É essa a aposta da moral e sua solidão derradeira: toda moral é relação com o outro, só que de si consigo. Agir moralmente é levar em conta os interesses do outro, por certo, mas "sem que os deuses e os homens saibam", como diz Platão; em outras palavras, sem recompensa nem castigo possível e sem necessitar para tanto de nenhum outro olhar além do seu mesmo. Uma aposta? Estou me exprimindo mal, já que, mais uma vez, a resposta depende única e exclusivamente de você. Não é uma aposta, é uma opção. Só você sabe o que deve fazer, e ninguém pode decidir em seu lugar. Solidão e grandeza da moral: você vale única e exclusivamente pelo bem que faz, pelo mal que se proíbe fazer, sem nenhum outro benefício além da satisfação de fazer o bem – mesmo que ninguém jamais venha a saber do seu feito.

É o espírito de Spinoza: "Fazer o bem e estar sempre alegre." É o espírito, pura e simplesmente. Como ser alegre sem se estimar um pouquinho que seja? E como se estimar sem se governar, sem se dominar, sem se superar? A bola está com você, como se diz, só que isso não é um jogo, muito menos um espetáculo. É sua vida mesma: você *é*, aqui e agora, o que você *faz*. Inútil, moralmente falando, sonhar ser outra pessoa. Podemos esperar a riqueza, a saúde, a beleza, a felicidade... É absurdo esperar a virtude. Ser um canalha ou uma pessoa de bem: cabe a você optar, única e exclusivamente a você. Você *vale* exatamente o que você *quer*.

O que é a moral? É o conjunto do que um indivíduo se impõe ou proíbe a si mesmo, não para, antes de mais nada, aumentar sua felicidade ou seu bem-estar próprios, o que não passaria de egoísmo, mas para levar em conta os interesses ou os direitos *do outro*, mas para não ser um canalha, mas para permanecer fiel a certa ideia da humanidade e de si. A moral responde à pergunta: "O que devo fazer?". É o conjunto dos meus deveres, em outras palavras, dos imperativos que reconheço legítimos – mesmo que, às vezes, como todo o mundo, eu os viole. É a lei que imponho a mim mesmo, ou que deveria me impor, independentemente do olhar do outro e de qualquer sanção ou recompensa esperadas.

"O que devo fazer?", e não: "O que os outros devem fazer?". É o que distingue a moral do moralismo. "A moral", dizia Alain, "nunca é para o vizinho": quem se preocupa com os deveres do vizinho não é moral, é moralizador. Existe espécie mais desagradável? Existe discurso mais inútil? A moral só é legítima na primeira pessoa. Dizer a alguém: "você tem de ser generoso" não é dar prova de generosidade. Dizer-

A MORAL

-lhe: "você tem de ser corajoso" não é dar prova de coragem. A moral só vale para si mesmo; os deveres só valem para si mesmo. Para os outros, a misericórdia e o direito bastam. Quanto ao mais, quem pode conhecer as intenções, as desculpas ou os méritos alheios? Ninguém, moralmente falando, pode ser julgado, a não ser por Deus, se Deus existir, ou por si mesmo, e isso já constitui uma existência mais do que suficiente. Você foi egoísta? Foi covarde? Aproveitou-se da fraqueza do outro, da sua desgraça, da sua candura? Você mentiu, roubou, violentou? Você sabe muito bem, e esse saber de si para consigo é o que se chama consciência, que é o único juiz, em todo caso o único, moralmente falando, que importa. Um processo? Uma multa? Uma pena de prisão? Não passa da justiça dos homens: não passa de direito e polícia. Quantos canalhas em liberdade? Quanta gente boa na prisão? Você pode estar em regra com a sociedade, o que sem dúvida nenhuma é necessário. Mas isso não dispensa você de estar em regra consigo mesmo, com sua consciência, e essa é, na verdade, a única regra.

Quer dizer então que há tantas morais quantos são os indivíduos? De jeito nenhum. E aí está o paradoxo da moral: ela só vale na primeira pessoa, mas universalmente, em outras palavras, para todo ser humano (já que todo ser humano é um "eu"). Pelo menos é assim que a vivemos. Sabemos perfeitamente, na prática, que há morais diferentes, que dependem da educação recebida, da sociedade ou da época em que as pessoas vivem, dos meios que frequentam, da cultura com a qual elas se identificam... Não há moral absoluta, ou ninguém tem acesso absoluto a ela. Mas, quando eu me proíbo a crueldade, o racismo ou o assassinato, sei também que não é tão somente uma questão de preferência, que dependeria do gosto de cada um. É, antes de mais nada, uma condição de sobrevivência e de dignidade para a sociedade, para qualquer sociedade, em outras palavras, para a humanidade ou a civilização.

Se todo o mundo mentisse, ninguém mais acreditaria em ninguém: já não daria nem para mentir (já que a mentira supõe a própria confiança que ela viola) e toda e qualquer comunicação se tornaria absurda ou inútil.

Se todo o mundo roubasse, a vida em sociedade se tornaria impossível ou miserável: já não haveria propriedade, já não haveria bem-estar para ninguém, e já não haveria nada a roubar...

Se todo o mundo matasse, a humanidade ou a civilização correriam para a sua perda: não haveria mais que violência e medo, e todos seríamos vítimas dos assassinos que todos nós seríamos...

Não passam de hipóteses, mas que nos instalam no âmago da moral. Você quer saber se determinada ação é boa ou condenável? Pergunte-se o que aconteceria se todo o mundo se comportasse assim. Uma criança, por exemplo, joga o chiclete na calçada: "Imagine se todo o mundo fizesse isso", dizem-lhe seus pais; "que sujeira seria, que desagradável para você e para todos!" Imagine, com maior razão, que todo o mundo minta, que todo o mundo mate, que todo o mundo roube, estupre, agrida, torture... Como você poderia querer uma humanidade igual? Como você poderia querê-la para seus filhos? E em nome de que você se isentaria do que você quer? É preciso, portanto, proibir-se de fazer o que você condenaria nos outros ou então renunciar a se aprovar de acordo com o universal, isto é, de acordo com o espírito ou a razão. É esse o ponto decisivo: trata-se de se submeter *pessoalmente* a uma lei que nos parece valer, ou que deveria valer, *para todos*.

A MORAL

É esse o sentido da famosa formulação kantiana do imperativo categórico, nos *Fundamentos da metafísica dos costumes*: "Aja unicamente de acordo com uma máxima tal que você possa querer que ela se torne uma lei universal." Isso é agir de acordo com a humanidade, em vez de conforme o seu "euzinho querido", e obedecer à sua razão em vez de às suas tendências ou aos seus interesses. Uma ação só é boa se o princípio a que se submete (sua "máxima") puder valer, de direito, para todos: agir moralmente é agir de tal sorte que você possa desejar, sem contradição, que todo indivíduo se submeta aos mesmos princípios que você. Isso coincide com o espírito dos Evangelhos ou com o espírito da humanidade (encontramos formulações equivalentes nas outras religiões), cuja "máxima sublime" Rousseau assim enuncia: "Faz com os outros o que queres que os outros te façam". Isso também coincide, mais modestamente, mais lucidamente, com o espírito da compaixão, de que Rousseau, ele de novo, nos dá a fórmula "muito menos perfeita, porém mais útil talvez que a precedente: Faz teu bem fazendo o menor mal possível aos outros". Isso é viver, ao menos em parte, de acordo com o outro, ou antes, de acordo consigo, mas na medida em que julgamos e pensamos. "Sozinho, universalmente...", dizia Alain. É a própria moral.

Será preciso um fundamento para legitimar essa moral? Não é necessário, nem tem de ser possível. Uma criança está se afogando. Você precisa de um fundamento para salvá-la? Um tirano massacra, oprime, tortura... Você precisa de um fundamento para combatê-lo? Um fundamento seria uma verdade inconteste, que viria garantir o valor dos nossos valores: isso nos permitiria demonstrar, inclusive àquele que não os compartilha, que temos razão e ele não. Mas, para tanto, seria preciso fundar a razão, o que não é possível. Que demonstração, sem um princípio prévio, que seria preciso demonstrar previamente? E que fundamento, tratando-se de valores, não pressupõe a própria moral que ele pretende fundar? Ao indivíduo que pusesse o egoísmo acima da generosidade, a mentira acima da sinceridade, a violência ou a crueldade acima da doçura ou da compaixão, como demonstrar que está errado e que importância daria ele a tal demonstração? A quem só pensa em si, que importa o pensamento? A quem só vive para si, que importa o universal? Quem não hesita em profanar a liberdade do outro, a dignidade do outro, por que respeitaria o princípio de não contradição? E por que, para combatê-lo, seria preciso ter primeiramente os meios para refutá-lo? O horror não se refuta. O mal não se refuta. Contra a violência, contra a crueldade, contra a barbárie, necessitamos menos de um fundamento do que de coragem. E diante de nós mesmos, menos de um fundamento do que de exigência e de fidelidade. Trata-se de não ser indigno do que a humanidade fez de cada um, e de todos nós. Por que precisaríamos, para tanto, de um fundamento ou de uma garantia? Como seriam eles possíveis? A vontade basta, e vale mais.

"A moral", escrevia Alain, "consiste em saber-se espírito e, como tal, absolutamente obrigado; por nobreza de alma. Na moral, não há nada além do sentimento da dignidade." É respeitar a humanidade em você e no outro. O que não é isento de recusas. O que não é isento de esforços. O que não é isento de combates. Trata-se de recusar a sua parte que não pensa, ou que só pensa em você. Trata-se de recusar, ou em todo caso de superar, sua própria violência, seu próprio egoísmo, sua própria baixeza. É querer ser homem, ou mulher, e digno de sê-lo.

"Se Deus não existe, tudo é permitido", diz um personagem de Dostoiévski. Não é verdade, porque, crente ou não, você não se permite tudo: *tudo*, inclusive o pior, não seria digno de você!

O crente que respeitasse a moral única e exclusivamente para alcançar o Paraíso, única e exclusivamente por temer o Inferno, não seria virtuoso: não passaria de um egoísta prudente. Quem faz o bem única e exclusivamente para a sua própria salvação, é mais ou menos o que Kant explica, não faz o bem e não é salvo. Quer dizer que uma ação só é boa, moralmente falando, se for realizada, como novamente diz Kant, "sem nada esperar por ela". É aí que entramos, moralmente falando, na modernidade, em outras palavras, na laicidade (no bom sentido do termo: no sentido em que um crente pode ser tão laico quanto um ateu). É o espírito das Luzes. É o espírito de Bayle, Voltaire, Kant. Não é a religião que funda a moral; é antes a moral que funda ou justifica a religião. Não é porque Deus existe que devo agir bem; é porque devo agir bem que posso necessitar – não para ser virtuoso, mas para escapar do desespero – de crer em Deus. Não é porque Deus me ordena uma coisa que ela é boa; é porque um mandamento é moralmente bom que posso supor que ele vem de Deus. Assim, a moral não proíbe que se creia; ela até leva, segundo Kant, à religião. Mas não depende dela e não poderia se reduzir a ela. Mesmo se Deus não existisse, mesmo se não houvesse nada depois da morte, isso não dispensaria você de cumprir com o seu dever, em outras palavras, de agir humanamente.

"Não há nada mais belo e legítimo", escrevia Montaigne, "do que fazer bem o homem, e devidamente." O único dever é ser humano (no sentido em que a humanidade não é apenas uma espécie animal, mas uma conquista da civilização), a única virtude é ser humano, e ninguém pode sê-lo no meu lugar.

APRESENTAÇÃO DA FILOSOFIA

Isso não substitui a felicidade, e é por isso que a moral não é tudo. Isso não substitui o amor, e é por isso que a moral não é o essencial. Mas nenhuma felicidade a dispensa; mas nenhum amor basta em seu lugar. Ou seja, a moral é sempre necessária.

É ela que permitirá que você, sendo livremente você (em vez de permanecer prisioneiro dos seus instintos e dos seus medos!), viva livremente com os outros.

A moral é essa exigência universal, ou em todo caso universalizável, que é confiada *pessoalmente* a você.

É fazendo bem o homem, ou a mulher, que se pode ajudar a humanidade a se fazer. E é preciso: ela necessita de você, como você necessita dela!

2

A política

É preciso pensar na política; se não pensarmos o bastante, seremos cruelmente punidos.

ALAIN

O homem é um animal sociável: só pode viver e se desenvolver entre seus semelhantes. Mas também é um animal egoísta. Sua "insociável sociabilidade", como diz Kant, faz que ele não possa prescindir dos outros nem renunciar, por eles, à satisfação dos seus próprios desejos.

É por isso que necessitamos da política. Para que os conflitos de interesses se resolvam sem recurso à violência. Para que nossas forças se somem em vez de se oporem. Para escapar da guerra, do medo, da barbárie.

É por isso que precisamos de um Estado. Não porque os homens são bons ou justos, mas porque não são. Não porque são solidários, mas para que tenham uma oportunidade de, talvez, vir a sê-lo. Não "por natureza", não obstante o que diz Aristóteles, mas por cultura, por história, e é isso a própria política: a história em via de se fazer, de se desfazer, de se refazer, de continuar, a história no presente, e é nossa história, e é a única história. Como não se interessar pela política? Seria não se interessar por nada, pois que tudo depende dela.

O que é a política? É a gestão não guerreira dos conflitos, das alianças e das relações de força – não entre indivíduos apenas (como podemos ver na família ou num grupo qualquer), mas na escala de toda uma sociedade. É, portanto, a arte de viver juntos, num mesmo Estado ou numa mesma Cidade (*pólis*, em grego), com pessoas que não escolhemos, pelas quais não temos nenhum sentimento particular e que são, sob muitos aspectos, nossas rivais, tanto quanto ou mais até do que aliadas. Isso supõe um poder comum e uma luta pelo poder. Isso supõe um governo, e mudanças de governo. Isso supõe choques, mas sujeitos a regras, compromissos, mas provisórios; um acordo, enfim, sobre a maneira de solucionar os desacordos. Fora disso, só haveria a violência, e é isso que a política, para existir, deve impedir antes de mais nada. Ela começa onde a guerra acaba.

Trata-se de saber quem manda e quem obedece, quem *faz a lei*, como se diz, e é isso que se chama de soberano. Pode ser um rei ou um déspota (numa monarquia absoluta), pode ser o povo (numa democracia), pode ser um grupo de indivíduos (uma classe social, um partido, uma elite de verdade ou que assim se pretende: uma aristocracia)... Pode ser, e é o que acontece com frequência, uma mistura singular desses três tipos de regime ou de governo. O caso é que não haveria política sem esse poder, que é o maior de todos, pelo menos nesta terra, e a garantia de todos os outros. Porque "o poder está em toda parte", como diz Foucault, ou antes, os poderes são incontáveis; mas só podem coexistir sob a autoridade reconhecida ou imposta do mais poderoso dentre eles. Multiplicidade de poderes, unicidade do soberano ou do Estado: toda a política se joga aí, e é por isso que ela é necessária. Vamos nos submeter ao primeiro bruto que aparecer? Ao primeiro liderzinho que se apresentar? Claro que não! Sabemos perfeitamente que é necessário um poder, ou vários, sabemos que é preciso obedecer. Mas não

A POLÍTICA

a qualquer um, mas não a qualquer preço. Queremos obedecer livremente: queremos que o poder a que nos submetemos, em vez de abolir o nosso, o fortaleça ou o garanta. Nunca conseguimos isso plenamente. Nunca renunciamos inteiramente a isso. E é por isso que fazemos política. É por isso que continuaremos a fazer. Para sermos mais livres. Para sermos mais felizes. Para sermos mais fortes. Não separadamente ou uns contra os outros, mas "todos juntos", como diziam os manifestantes do outono de 1995, ou antes, ao mesmo tempo juntos e opostos, já que é preciso, já que, não fosse assim, não precisaríamos de política.

A política supõe a discordância, o conflito, a contradição. Quando todo o mundo está de acordo (por exemplo, para dizer que é melhor a saúde do que a doença, ou que a felicidade é preferível à infelicidade...), não é política. E, quando cada um fica no seu canto ou só trata dos seus assuntos pessoais, também não é política. A política nos reúne nos opondo: ela nos opõe sobre a melhor maneira de nos reunir! Isso não tem fim. Engana-se quem anuncia o fim da política: seria o fim da humanidade, o fim da liberdade, o fim da história, que, ao contrário, só podem – e devem – continuar no conflito aceito e superado. A política, como o mar, não para de recomeçar. Porque ela é um combate, e a única paz possível. É o contrário da guerra, repitamos, o que fala o bastante da sua grandeza. É o contrário do estado natural, e isso fala o bastante da sua necessidade. Quem gostaria de viver inteiramente só? Quem gostaria de viver contra todos os outros? O estado natural, mostra Hobbes, é "a guerra de todos contra todos": a vida dos homens é, então, "solitária, necessitosa, penosa, quase animal, e breve". Melhor um poder comum, melhor uma lei comum, melhor um Estado comum – melhor a política!

APRESENTAÇÃO DA FILOSOFIA

Como viver juntos e para quê? São esses os dois problemas que é preciso resolver, e logo depois tornar a levantar (pois temos o direito de mudar de opinião, de lado, de maioria...). Cabe a cada um refletir sobre eles; cabe a todos debatê-los.

O que é a política? É a vida comum e conflituosa, sob o domínio do Estado e por seu controle; é a arte de tomar, de conservar e de utilizar o poder. É também a arte de compartilhá-lo, mas porque, na verdade, não há outra maneira de tomá-lo.

Seria um erro considerar a política uma atividade unicamente subalterna ou desprezível. O contrário é que é verdade, claro: ocupar-se da vida comum, do destino comum, dos confrontos comuns é uma tarefa essencial, para todo ser humano, e ninguém poderia esquivar-se dela. Você vai deixar o caminho livre para os racistas, os fascistas, os demagogos? Vai deixar uns burocratas decidirem por você? Vai deixar uns tecnocratas ou uns carreiristas imporem a você uma sociedade que seja a cara deles? Com que direito, então, você poderia se queixar de que as coisas vão mal? Como não ser cúmplice do medíocre ou do pior se você nada faz para impedi-los? A inação não é uma desculpa. A incompetência não é uma desculpa. Não fazer política é renunciar a uma parte do seu poder, o que é sempre perigoso, mas também a uma parte das suas responsabilidades, o que é sempre condenável. O apoliticismo é, ao mesmo tempo, um erro e uma culpa: é ir contra seus interesses e seus deveres.

Mas também seria um equívoco querer reduzir a política à moral, como se ela só se ocupasse do bem, da virtude, do desinteresse. Mais uma vez, o contrário é que é verdade. Se a moral reinasse, não precisaríamos de polícia, de leis, de

A POLÍTICA

tribunais, de forças armadas: não precisaríamos de Estado, nem, portanto, de política! Contar com a moral para vencer a miséria ou a exclusão é, evidentemente, conversa fiada. Contar com o humanitarismo para fazer as vezes de política externa, com a caridade para fazer as vezes de política social e até mesmo com o antirracismo para fazer as vezes de política de imigração, é evidentemente conversa fiada. Não, claro, que o humanitarismo, a caridade ou o antirracismo não sejam moralmente necessários, mas porque não poderiam bastar politicamente (se bastassem, não precisaríamos mais de política) nem resolver sozinhos um problema social qualquer.

A moral não tem fronteiras; a política tem. A moral não tem pátria; a política tem. Nem uma nem outra, é claro, poderiam dar à noção de raça qualquer pertinência: a cor da pele não faz nem a humanidade nem a cidadania. Mas a moral não tem nada a ver tampouco com os interesses da França ou dos franceses, da Europa ou dos europeus... Para a moral, só existem indivíduos: para a moral, só existe a humanidade. Ao passo que qualquer política francesa ou europeia, de direita ou de esquerda, só existe, ao contrário, para defender um povo, ou povos, em particular – não, é claro, contra a humanidade, o que seria imoral e suicida, mas, prioritariamente, com relação ao que a moral não poderia nem impor nem proibir em absoluto.

Você poderia preferir que a moral bastasse, que a humanidade bastasse: você poderia preferir que a política não fosse necessária. Mas estaria se enganando sobre a história e mentindo a si próprio sobre nós mesmos.

A política não é o contrário do egoísmo (o que a moral é), mas sua expressão coletiva e conflituosa: trata-se de sermos egoístas juntos, já que essa é a nossa sina, e da maneira mais eficaz possível. Como? Organizando convergências de interesses, e é isso que se chama solidariedade (diferenciando-se da generosidade, que supõe, ao contrário, o desinteresse).

É comum desconhecer essa diferença, razão a mais para insistirmos nela. Ser solidário é defender os interesses do outro, sem dúvida, mas porque eles também são – direta ou indiretamente – os meus. Agindo por ele, também ajo por mim: porque temos os mesmos inimigos ou os mesmos interesses, porque estamos expostos aos mesmos perigos ou aos mesmos ataques. É o caso do sindicalismo, da Seguridade Social ou dos impostos. Quem se consideraria generoso por contribuir para a Seguridade Social, sindicalizar-se ou pagar seus impostos? A generosidade é outra coisa: é defender os interesses do outro, mas não por também serem os meus; é defendê-los mesmo que não compartilhe deles – não porque eu ganhe alguma coisa com isso, mas porque ele, o outro, ganha. Agindo por ele, não ajo por mim – pode ser que eu até perca alguma coisa, aliás é o que costuma acontecer. Como conservar o que se dá? Como dar o que se conserva? Não seria mais doação, e sim troca; não seria mais generosidade, e sim solidariedade.

A solidariedade é uma maneira de se defender coletivamente; a generosidade, no limite, é uma maneira de se sacrificar pelos outros. É por isso que a generosidade, moralmente falando, é superior; e é por isso que a solidariedade, social e politicamente, é mais urgente, mais realista, mais eficaz. Ninguém paga a Seguridade Social por generosidade. Ninguém paga seus impostos por generosidade. E que estranho sindicalista o que se associaria a um sindicato unicamente por generosidade! No entanto, a Seguridade Social, o sistema tributário e os sindicatos fizeram mais pela justiça – muito mais! – do que o pouco de generosidade de que este ou aquele soube, vez ou outra, dar prova. A mesma coisa

vale para a política. Ninguém respeita a lei por generosidade. Ninguém é cidadão por generosidade. Mas o direito e o Estado fizeram muito mais, para a justiça ou para a liberdade, do que os bons sentimentos. Solidariedade e generosidade nem por isso são incompatíveis: ser generoso não impede de ser solidário; ser solidário não impede de ser generoso. Mas tampouco são equivalentes, e é por isso que nenhuma das duas poderia bastar ou fazer as vezes da outra. Ou melhor, a generosidade talvez bastasse se fôssemos suficientemente generosos. Mas o somos tão pouco, tão raramente, tão pequenamente... Só precisamos de solidariedade porque carecemos de generosidade, e é por isso que precisamos tanto de solidariedade!
Generosidade: virtude moral. Solidariedade: virtude política. O grande problema do Estado é a regulação e a socialização dos egoísmos. É por isso que ele é necessário. É por isso que é insubstituível. A política não é o reino da moral, do dever, do amor... É o reino das relações de forças e de opiniões, dos interesses e dos conflitos de interesses. Vejam Maquiavel ou Marx. Vejam Hobbes ou Spinoza. A política não é uma forma de altruísmo: é um egoísmo inteligente e socializado. Isso não apenas não a condena, mas a justifica: já que todos nós somos uns egoístas, vamos sê-los juntos e inteligentemente! Quem não percebe que a busca paciente e organizada do interesse comum, ou do que se imagina ser tal, é melhor, para quase todos, do que o confronto ou a desordem generalizados? Quem não percebe que a justiça é melhor, para quase todos, do que a injustiça? Que isso também é moralmente justificado, é mais do que evidente, o que mostra que moral e política, em seu objetivo, não se opõem. Mas que a moral não basta para alcançá-lo, é igualmente evidente, e mostra que moral e política também não poderiam se confundir.

A moral, em seu princípio, é desinteressada; nenhuma política o é. A moral é universal, ou assim se pretende; toda política é particular. A moral é solitária (ela só vale na primeira pessoa); toda política é coletiva. É por isso que a moral não poderia fazer as vezes de política, do mesmo modo que a política não poderia fazer as vezes de moral: precisamos das duas, e da diferença entre as duas! Uma eleição, salvo excepcionalmente, não opõe bons e maus, mas opõe campos, grupos sociais ou ideológicos, partidos, alianças, interesses, opiniões, prioridades, opções, programas... Que a moral também tenha uma palavra a dizer, é bom lembrar (há votos moralmente condenáveis). Mas isso não poderia nos fazer esquecer que ela não faz as vezes nem de projeto nem de estratégia. O que a moral propõe contra o desemprego, contra a guerra, contra a barbárie? Ela nos diz que é preciso combatê-los, claro, mas não como temos maiores oportunidades de derrotá-los. Ora, politicamente, é o *como* que importa. Você é a favor da justiça e da liberdade? Moralmente falando, é o mínimo que se espera de você. Mas, politicamente, isso não lhe diz nem como defendê-las nem como conciliá-las. Você deseja que israelenses e palestinos tenham uma pátria segura e reconhecida, que todos os habitantes de Kosovo possam viver em paz, que a globalização econômica não se produza em detrimento dos povos e dos indivíduos, que todos os idosos possam ter uma aposentadoria decente, todos os jovens, uma educação digna desse nome? A moral aplaude, mas não lhe diz como aumentar nossas possibilidades de, juntos, alcançar esses objetivos. E quem pode acreditar que a economia e o livre jogo do mercado bastam para tanto? O mercado só vale para as mercadorias.

A POLÍTICA

Ora, o mundo não é uma. Ora, a justiça não é uma. Ora, a liberdade não é uma. Que loucura seria confiar ao mercado o que não é para se comercializar! Quanto às empresas, elas tendem antes de mais nada ao lucro. Não as critico por isso: é a função delas, e desse lucro todos nós necessitamos. Mas quem pode acreditar que o lucro baste para fazer que uma sociedade seja humana? A economia produz riquezas, e riquezas são necessárias, e nunca serão demais. Mas também precisamos de justiça, de liberdade, de segurança, de paz, de fraternidade, de projetos, de ideais... Não há mercado que os forneça. É por isso que é preciso fazer política: porque a moral não basta, porque a economia não basta e, portanto, porque seria moralmente condenável e economicamente desastroso pretender contentar-se com uma e outra.

Por que a política? Porque não somos nem santos nem apenas consumidores, porque somos cidadãos, porque devemos ser cidadãos e para que possamos permanecer cidadãos.

Quanto aos que fazem da política sua profissão, temos de lhes ser gratos pelos esforços que consagram ao bem comum, sem, no entanto, nos iludirmos muito sobre a sua competência nem sobre a sua virtude: a vigilância faz parte dos direitos humanos e dos deveres do cidadão.

Não se deve confundir essa vigilância republicana com a ridicularização, que torna tudo ridículo, nem com o desprezo, que torna tudo desprezível. Ser vigilante é não crer cegamente nas palavras dos políticos, mas não é condená-los ou denegri-los por princípio. Não conseguiremos reabilitar a política, como é urgente hoje em dia, cuspindo perpetuamente em quem faz política. No Estado democrático, temos os homens políticos que merecemos. Razão a mais para preferir esse regime a todos os outros: só tem moralmente direito de se queixar dele – e, é claro, motivos é que não faltam! – quem age, com outros, para transformá-lo.

Não basta esperar a justiça, a paz, a liberdade, a prosperidade... É preciso agir para defendê-las, para aprimorá-las, o que só se pode fazer eficazmente de forma coletiva e que, por isso, passa necessariamente pela política. Que esta não se reduza nem à moral nem à economia, já insisti o bastante. O que não significa, lembremos para terminar, que ela seja moralmente indiferente ou economicamente sem alcance. Para todo indivíduo apegado aos direitos humanos e ao seu próprio bem-estar, interessar-se pela política não é apenas seu direito, é também seu dever e seu interesse – e a única maneira, sem dúvida, de conciliá-los mais ou menos. Entre a lei da selva e a lei do amor, há a lei pura e simples. Entre o angelismo e a barbárie, há a política. Anjos poderiam prescindir dela. Animais poderiam prescindir dela. Homens, não. É por isso que Aristóteles tinha razão, pelo menos nesse sentido, quando escrevia que "o homem é um animal político": porque, sem a política, ele não poderia assumir inteiramente sua humanidade.

"Fazer bem o homem" (a moral) não basta. É necessário também fazer uma sociedade que seja humana (já que é a sociedade, sob muitos aspectos, que faz o homem), e por isso é necessário refazê-la sempre, pelo menos em parte. O mundo não para de mudar; uma sociedade que não mudasse estaria fadada à ruína. Portanto, é preciso agir, lutar, resistir, inventar, salvaguardar, transformar... É para isso que serve a política. Há tarefas mais interessantes? Pode ser. Mas não há, na escala da sociedade, tarefas mais urgentes. A história não espera; não fique bobamente esperando-a!

A história não é um destino, nem somente o que nos faz: ela é o que fazemos, juntos, do que nos faz, e isso é a própria política.

3

O amor

> *Amar é rejubilar-se.*
> Aristóteles

O amor é o tema mais interessante. Primeiro em si mesmo, pela felicidade que promete ou parece prometer – ou até, às vezes, pelo que ameaça ou faz perder. Que tema, entre amigos, é mais agradável, mais íntimo, mais forte? Que discurso, entre amantes, é mais secreto, mais doce, mais perturbador? E que há de mais apaixonante, de si para consigo, do que a paixão?

Dirão que há outras paixões além das amorosas, outros amores além dos passionais... Isso, que é mais que verdade, confirma minha afirmação: o amor é o tema mais interessante, não apenas em si – pela felicidade que ele promete ou compromete –, mas também indiretamente: porque todo interesse o supõe. Você se interessa mais pelo esporte? É que você ama o esporte. Pelo cinema? É que você ama o cinema. Pelo dinheiro? É que você ama o dinheiro, ou o que ele possibilita comprar. Pela política? É que você ama a política, ou o poder, ou a justiça, ou a liberdade... Por seu trabalho? É que você o ama, ou que você ama, em todo caso, o que ele lhe proporciona ou lhe proporcionará... Pela sua felicidade? É que você ama a si mesmo, como todo o mundo, e que a felicidade outra coisa não é, sem dúvida, que o amor pelo que somos, pelo que temos, pelo que fazemos... Você se interessa pela filosofia? Ela traz o amor em seu nome (*philosophía*, em grego, é amor à sabedoria) e em seu objeto (há outra sabedoria além de amar?). Sócrates, que todos os filósofos veneram, nunca pretendeu outra coisa. Você se interessa, inclusive, pelo fascismo, pelo stalinismo, pela morte, pela guerra? É que você os ama, ou, o que é mais verossímil, mais justo, ama o que resiste a eles: a democracia, os direitos humanos, a paz, a fraternidade, a coragem... Tantos interesses diferentes, tantos amores diferentes. Mas não há interesse sem amor, e isso me traz de volta ao meu ponto de partida: o amor é o tema mais interessante, e qualquer outro só tem interesse à proporção do amor que lhe dedicamos ou nele encontramos.

Portanto, é ou amar o amor, ou não amar nada – é ou amar o amor, ou morrer. E é por isso que o amor, e não o suicídio, é o único problema filosófico verdadeiramente sério.

Penso, já entenderam, no que escrevia Albert Camus, bem no início do *Mito de Sísifo*: "Só existe um problema filosófico verdadeiramente sério: é o suicídio. Julgar se a vida vale ou não vale a pena ser vivida é responder à questão fundamental da filosofia." Eu assinaria com prazer embaixo da segunda dessas frases; é o que me impede de aquiescer absolutamente com a primeira. A vida vale a pena ser vivida? O suicídio suprime o problema muito mais do que o resolve; somente o amor, que não o suprime (pois a questão se coloca todas as manhãs, e todas as noites), resolve-o mais ou menos, enquanto estamos vivos, e nos mantém em vida. Se a vida vale ou não a pena ser vivida, se vale ou não vale, melhor dizendo, a pena *e o prazer* de ser vivida, depende primeiro da quantidade de amor de que somos capazes. Foi o que Spinoza percebeu: "Toda a nossa felicidade e toda a nossa miséria residem num só ponto: a que tipo de objeto esta-

O AMOR

mos presos pelo amor?" A felicidade é um amor feliz, ou vários; a infelicidade, um amor infeliz, ou mais nenhum amor. A psicose depressiva ou melancólica, dirá Freud, caracteriza-se primeiro pela "perda da capacidade de amar" – inclusive de amar a si mesmo. Não é de espantar se ela costuma ser suicida. O amor é que faz viver, já que é ele que torna a vida amável. É o amor que salva; é ele, portanto, que se trata de salvar.

Mas que amor? E por que objeto? Porque o amor é múltiplo, evidentemente, do mesmo modo que são incontáveis seus objetos. Podemos amar o dinheiro ou o poder, já disse, mas também os amigos, mas também o homem ou a mulher por quem estamos apaixonados, mas também os filhos, os pais, qualquer um até: aquele que está ali, simplesmente, que é o que chamamos de o próximo. Também é possível amar a Deus, para quem nele crê. E crer em si, para quem se ama pelo menos um pouco.

A unicidade da palavra, para tantos amores diferentes, é fonte de confusão e até – porque o desejo inevitavelmente se intromete – de ilusões. Acaso sabemos do que falamos quando falamos de amor? Não é que muitas vezes aproveitamos o equívoco da palavra para esconder ou enfeitar amores equívocos, quero dizer, egoístas ou narcísicos, para iludir a nós mesmos, para fingir amar outra coisa que não nós mesmos, para mascarar – muito mais do que para corrigir – nossos erros ou nossos desacertos? O amor agrada a todos. Isso, que é mais do que compreensível, deveria nos levar à vigilância. O amor à verdade deve acompanhar o amor ao amor, iluminá-lo, guiá-lo, mesmo que seja necessário moderar, talvez, seu entusiasmo. Que é preciso amar a si, por exemplo, é óbvio: senão, como poderiam nos pedir para amar ao nosso próximo *como a nós mesmos*? Mas amar, muitas vezes, *somente* a si mesmo, ou por si, é uma experiência e é um perigo. Por que, senão, nos pediriam para amar *também* nosso próximo? Seriam necessárias palavras diferentes para amores diferentes. Palavras é que não faltam em nossa língua: amizade, ternura, paixão, afeto, apego, inclinação, simpatia, queda, dileção, adoração, caridade, concupiscência... É só escolher, o que não é fácil. Os gregos, mais lúcidos do que nós, talvez, ou mais sintéticos, utilizavam principalmente três palavras, para designar três amores diferentes. São os três nomes gregos do amor, e os mais esclarecedores que eu conheço, em todas as línguas: *eros, philia, agapé*. Já falei longamente a respeito deles no meu *Pequeno tratado das grandes virtudes*. Aqui só posso dar, brevemente, algumas pistas.

O que é *eros*? É a carência, e é a paixão amorosa. É o amor, segundo Platão: "O que não temos, o que não somos, o que nos falta, eis os objetos do desejo e do amor." É o amor que toma, que quer possuir e conservar. Eu te amo: eu te quero. É o mais fácil. É o mais violento. Como não amar o que falta? Como amar o que não falta? É o segredo da paixão (que ela só dura na carência, na infelicidade, na frustração); é o segredo da religião (Deus é o que falta absolutamente). Como tal amor, sem a fé, seria feliz? Ele precisa amar o que não tem, e sofrer, ou amar o que já não ama (já que só ama o que falta) e se chatear... Sofrimento da paixão, tristeza dos casais: não há amor (*eros*) feliz.

Mas como poderíamos ser felizes sem amor? E como, enquanto amamos, não o ser? É que Platão não tem razão acerca de tudo, nem sempre. É que a carência não é o todo do amor. Às vezes também amamos o que não nos falta – às vezes amamos o que temos, o que fazemos, o que é –, e gozamos alegremente, sim, gozamos o que não nos falta e nos regozijamos com isso! É o que os gregos chamavam de *phi-*

lia. Digamos que é o amor segundo Aristóteles ("Amar é regozijar-se") e o segredo da felicidade. Amamos então o que não nos falta, aquilo de que gozamos, e isso nos regozija, ou antes, nosso amor é essa alegria mesma. Prazer do coito e da ação (o amor que fazemos), felicidade dos casais e dos amigos (o amor que compartilhamos): não há amor (*philia*) infeliz.

A amizade? É como se costuma traduzir *philia*, o que não deixa de reduzir um pouco seu campo ou seu alcance. Porque essa amizade não exclui nem o desejo (que já não é falta, então, mas potência), nem a paixão (*eros* e *philia* podem se misturar, e costumam se misturar), nem a família (Aristóteles designa por *philia* tanto o amor entre os pais e os filhos, como o amor entre os esposos; um pouco como Montaigne, mais tarde, falará da *amizade marital*), nem a tão perturbadora e tão preciosa intimidade dos amantes... Já não é, ou já não é apenas, o que São Tomás chamava de amor de concupiscência (amar o outro para o nosso próprio bem) e o segredo dos casais felizes. Porque é claro que essa benevolência não exclui a concupiscência: ao contrário, entre amantes ela se nutre dela e a ilumina. Como não nos regozijarmos com o prazer que damos ou recebemos? Como não querermos bem a quem nos faz bem?

Essa benevolência alegre, essa alegria benevolente, que os gregos chamavam *philia*, é o amor segundo Aristóteles, dizia eu: amar é regozijar-se e querer bem a quem se ama. Mas também é o amor segundo Spinoza: "uma alegria", podemos ler na *Ética*, "que a ideia de uma causa exterior acompanha". Amar é *regozijar-se de*. É por isso que não há outra alegria além da alegria de amar; é por isso que não há outro amor, em seu princípio, além do amor alegre. A carência? Não é a essência do amor; é seu acidente, quando o real nos faz falta, quando o luto nos magoa ou nos dilacera. Mas não nos magoaria se antes não houvesse a felicidade, ainda que em sonho. O desejo não é carência; o amor não é carência: o desejo é potência (potência de gozar, gozo em potência), o amor é alegria. Todos os amantes sabem disso, quando são felizes, e todos os amigos. Eu amo você: alegra-me que você exista.

Agapé? É outra palavra grega, mas muito tardia. Nem Platão, nem Aristóteles, nem Epicuro jamais fizeram uso dessa palavra. *Eros* e *philia* lhes bastavam: eles só conheciam a paixão ou a amizade, o sofrimento da falta ou a alegria do compartilhar. Mas o caso é que um judeuzinho, muito depois da morte daqueles três, pôs-se de repente, numa distante colônia romana, num improvável dialeto semítico, a dizer coisas surpreendentes: "Deus é amor... Amai vosso próximo... Amai vossos inimigos..." Essas frases, sem dúvida estranhas em todas as línguas, pareciam, em grego, quase intraduzíveis. De que amor podia se tratar? *Eros? Philia?* Um ou outro nos condenariam ao absurdo. Como Deus poderia carecer do que quer que seja? "É um tanto ridículo pretender-se amigo de Deus", dizia Aristóteles. De fato, não dá bem para entender como nossa existência, tão medíocre, tão irrisória, poderia aumentar a eterna e perfeita alegria divina... E quem poderia decentemente nos pedir para nos apaixonarmos por nosso próximo (quer dizer, todo o mundo e qualquer um!) ou ser amigo, absurdamente, dos nossos inimigos? Mas era necessário traduzir esse ensinamento em grego, como hoje se faria em inglês, para que todo o mundo compreendesse... Os primeiros discípulos de Jesus, porque é dele que se trata, claro, tiveram então de inventar ou de popularizar um neologismo, forjado a partir de um verbo (*agapan*: amar) que não tinha substantivo usual, o que deu *agapé*, que os latinos traduzirão por *caritas* e nós, na maioria das vezes, por *caridade*... De que se trata? Do amor ao próximo, na medida em que dele formos capazes: do amor a quem nem nos faz falta, nem nos faz bem (de quem não somos nem amantes nem amigos), mas que está aí, simplesmente aí, e que temos de amar em pura perda, por nada, ou antes por ele, quem quer que seja, o que quer que valha, o que quer que faça, mesmo que fosse nosso inimigo... É o amor segundo Jesus Cristo, é o amor segundo Simone Weil ou Jankélévitch, e o segredo da santidade, se é que ela é possível. Não confundir essa amável e amante *caridade* com a esmola ou a condescendência: tratar-se-ia antes de uma amizade universal, porque libertada do *ego* (o que não acontece com a amizade simples: "porque era ele, porque era eu", dirá Montaigne a propósito da sua amizade por La Boétie), libertada do egoísmo, libertada de tudo, e por isso mesmo libertadora. Seria o amor a Deus, se ele existe ("*O Theos agapé estin*", lemos na primeira epístola de São João: Deus é amor), e o que mais se aproxima dele, em nossos corações ou em nossos sonhos, se Deus não existir.

Eros, philia, agapé: o amor que falta ou que toma; o amor que se regozija e que compartilha; o amor que acolhe e dá... Não se apressem muito a escolher entre os três! Que alegria há sem falta? Que dom, sem compartilhar? Se cumpre distinguir, pelo menos intelectualmente, esses três tipos de amor, ou esses três graus no amor, é principalmente para compreender que todos os três são necessários, todos os três estão ligados, e para iluminar o processo que leva de um ao outro. Não são três essências, que se excluiriam mutuamente; são antes três polos de um mesmo campo, que é o campo de amar, ou três momentos de um mesmo processo, que é o de viver. *Eros* é primeiro, sempre, e é o que Freud, depois de Platão e de Schopenhauer, nos lembra; *agapé* é o objetivo (para o qual podemos ao menos tender), que os Evangelhos não param de nos indicar; enfim, *philia* é o caminho, ou a alegria como caminho: o que transforma a carência em potência e a pobreza em riqueza.

Vejam o bebê tomando o peito. E vejam a mãe, dando-o. Ela, é claro, foi um bebê primeiro: começamos tomando tudo, o que já é uma maneira de amar. Depois aprendemos a dar, pelo menos um pouco, pelo menos às vezes, o que é a única maneira de ser fiel até o fim ao amor recebido, ao amor humano, nunca humano demais, ao amor tão fraco, tão inquieto, tão limitado, e que é, no entanto, como que uma imagem do infinito, ao amor de que fomos objeto e que nos fez sujeitos, ao amor imerecido que nos precede, como uma graça, que nos gerou, e não criou, ao amor que nos ninou, levou, alimentou, protegeu, consolou, ao amor que nos acompanha, definitivamente, e que nos falta, e que nos regozija, e que nos perturba, e que nos ilumina... Se não fossem as mães, que saberíamos do amor? Se não houvesse amor, que saberíamos de Deus?

Uma declaração *filosófica* de amor? Poderia ser, por exemplo, a seguinte:

"Há o amor segundo Platão: 'Eu te amo, tu me fazes falta, eu te quero.'

Há o amor segundo Aristóteles ou Spinoza: 'Eu te amo: és a causa da minha alegria, e isso me regozija.'

Há o amor segundo Simone Weil ou Jankélévitch: 'Eu te amo como a mim mesmo, que não sou nada, ou quase nada, eu te amo como Deus nos ama, se é que ele existe, eu te amo como qualquer um: ponho minha força a serviço da tua fraqueza, minha pouca força a serviço da tua imensa fraqueza...'

O AMOR

Eros, philia, agapé: o amor que toma, que só sabe gozar ou sofrer, possuir ou perder; o amor que se regozija e compartilha, que quer bem a quem nos faz bem; enfim, o amor que aceita e protege, que dá e se entrega, que nem precisa mais ser amado...

Eu te amo de todas essas maneiras: eu te tomo avidamente, eu compartilho alegremente tua vida, tua cama, teu amor, eu me dou e me abandono suavemente...

Obrigado por ser o que és, obrigado por existir e por me ajudar a existir!"

4

A morte

> *Contra todas as outras coisas é possível obter a segurança; mas, por causa da morte, todos nós, os homens, habitamos uma cidade sem muralhas.*
>
> Epicuro

A morte constitui, para o pensamento, um objeto necessário e impossível.

Necessário, já que toda a nossa vida traz sua marca, como a sombra projetada do nada (se não morrêssemos, com certeza cada instante teria um sabor diferente, uma luz diferente), como o ponto de fuga, para nós, de tudo. Mas impossível, já que não há nada, na morte, a pensar. O que é ela? Não sabemos. Não podemos saber. Esse mistério derradeiro torna nossa vida misteriosa, como um caminho que não saberíamos aonde leva, ou antes, sabemos muitíssimo bem (à morte), mas sem saber, porém, o que há por trás – por trás da palavra, por trás da coisa –, nem mesmo se há alguma coisa.

Esse mistério, em que a humanidade talvez comece (é verossímil que nenhum animal nunca se interrogou a esse respeito), não é certamente sem recurso. À pergunta "O que é a morte?", os filósofos não pararam de responder. Toda uma parte da metafísica se joga aí. Mas suas respostas, para simplificar ao extremo, se dividem em dois campos: uns que dizem que a morte não é nada (um nada, estritamente); outros que afirmam que é outra vida, ou a mesma vida continuada, purificada, libertada... São duas maneiras de negá-la:

como nada, já que o nada não é nada, ou como vida, já que a morte, nesse caso, seria uma vida. Pensar a morte é dissolvê-la: o objeto, necessariamente, escapa. A morte não é nada (Epicuro), ou então não é a morte (Platão), mas outra vida. Não dá para ver que justo meio seria possível entre esses dois extremos – a não ser aquele, que não é um, da ignorância confessa, da incerteza, da dúvida, ou mesmo da indiferença... Mas como a ignorância, tratando-se da morte, é o quinhão de todos nós, essa terceira posição nada mais é do que levar em conta o que as duas primeiras têm de frágil ou de indeciso. De resto, elas enunciam menos posições extremas do que proposições contraditórias, submetidas como tais ao princípio do terceiro excluído. A morte tem de ser alguma coisa, ou não ser nada. Mas se ela é alguma coisa, que a distingue do nada, só pode ser outra vida, um pouco mais sombria ou um pouco mais luminosa, conforme os casos ou as crenças, que a outra... Em poucas palavras, o mistério da morte só autoriza dois tipos de resposta, e é por isso talvez que ele estruture tão fortemente a história da filosofia e da humanidade: há os que levam a morte a sério, como um nada definitivo (é nesse campo, notadamente, que encontraremos a quase totalidade dos ateus e dos filósofos materialistas), e há os que, ao contrário, não veem nela mais do que uma passagem, que uma transição entre duas vidas, ou mesmo o começo da vida verdadeira (como anuncia a maior parte das religiões e, com elas, das filosofias espiritualistas ou idealistas). O mistério, claro, mesmo assim subsiste. Pensar a morte, dizia eu, é dissolvê-la. Mas isso nunca dispensou ninguém de morrer, nem esclareceu ninguém de antemão sobre o que morrer significava.

    Para que, então, perguntarão, refletir sobre uma questão para nós insolúvel? É que toda a nossa vida depende dela, como percebeu Pascal, e todo o nosso pensamento: não vive da mesma maneira, não pensa da mesma maneira quem acredita ou não que há "algo" depois da morte. Aliás, quem quisesse se interessar unicamente por problemas capazes de ser verdadeiramente resolvidos (e, portanto, suprimidos como problemas) deveria renunciar a filosofar. Mas como poderia, sem se amputar de si ou de uma parte do pensamento? As ciências não respondem a nenhuma das questões mais importantes que nós nos fazemos. Por que há algo em vez de nada? A vida vale a pena ser vivida? O que é o bem? O que é o mal? Somos livres ou determinados? Deus existe? Há uma vida após a morte? Essas questões, que podemos dizer metafísicas num sentido amplo (de fato, elas vão além de toda física possível), fazem de nós seres pensantes, ou antes, seres filosofantes (as ciências também pensam, e não se fazem essas perguntas), e é isso que se chama humanidade ou, como diziam os gregos, os *mortais*: não os que vão morrer – os bichos também morrem –, mas os que sabem que vão morrer, sem saber, porém, o que isso quer dizer e sem poder tampouco impedir-se de pensar na morte... O homem é um animal metafísico; é por isso que a morte, sempre, é um problema seu. Não se trata de resolvê-lo, mas de enfrentá-lo.

Encontramos aqui a célebre fórmula: "Filosofar é aprender a morrer...". Sob essa forma, e em francês, é o título de um dos *Ensaios* de Montaigne, o vigésimo do livro I. Mas Montaigne toma a ideia expressamente emprestada de Cícero, o qual, nas *Tusculanas*, apresenta-a como uma citação de Platão... Digamos que é uma ideia de Platão, traduzida em latim por Cícero, depois em francês por Montaigne... Não é isso que importa: o que importa é que essa frase pode ser tomada em dois sentidos diferentes, como Montaigne já notava, entre os quais, mal ou bem, toda a vida – e toda uma parte da filosofia – se decide.

Há o sentido de Platão: a morte – isto é, em seu caso, a separação entre a alma e o corpo – seria o *fim* da vida, para o qual a filosofia abriria uma espécie de atalho. Um suicídio? Ao contrário: uma vida mais viva, mais pura, mais livre, porque libertada por antecipação dessa prisão – se não deste túmulo, como diz o *Górgias* – que é o corpo... "Os verdadeiros filósofos já morreram", escreve Platão, e é por isso que a morte não os atemoriza: quem poderia roubá-la deles?

E depois há o sentido de Montaigne: a morte não seria "o fim", mas "o ponto final" da vida, seu termo, sua finitude (e não sua finalidade) essencial. É preciso preparar-se para ela, aceitá-la, já que não podemos fugir dela, sem, no entanto, deixá-la estragar nossa vida ou nossos prazeres. Nos primeiros *Ensaios*, Montaigne quer pensar sempre nela, para se acostumar a ela, para se preparar para ela, para se *enrijecer* contra ela, como ele diz. Nos últimos, já está tão habituado, parece, que esse pensamento se torna menos necessário, menos constante, menos premente: a aceitação basta, e se torna, com o tempo, cada vez mais leve e amena... É menos uma contradição do que uma evolução, que assinala o êxito ou, em todo caso, o progresso de Montaigne. A angústia? É apenas um momento. A coragem? É apenas um momento. Mais vale a despreocupação, que não é diversão ou esquecimento, mas aceitação serena. É o que Montaigne resume numa frase, uma das mais bonitas que ele escreveu: "Quero que ajam e que prolonguem os ofícios da vida tanto quanto possível, e que a morte me encontre plantando meus repolhos, mas despreocupado com ela, e mais ainda com o meu imperfeito jardim." Filosofar é aprender a morrer somente porque é aprender a viver e porque a morte – a ideia

A MORTE

da morte, a inelutabilidade da morte – faz parte desse aprendizado. Mas é a vida que vale, e somente ela. Os verdadeiros filósofos aprenderam a amá-la como ela é; por que se apavorariam com o fato de ela ser mortal?

Nada ou renascimento? Outra vida ou mais nenhuma vida? Cabe a cada um escolher entre esses dois caminhos, e pode, inclusive – como os céticos, como Montaigne talvez –, se recusar a escolher: deixar a questão em aberto, como de fato é, e habitar essa *abertura* que é viver. Mas ainda é uma maneira de pensar na morte, e temos de pensar nela mesmo. Pois como não pensaríamos no que é – para todo pensamento, para toda vida – o horizonte último?

"A coisa em que o homem livre menos pensa é na morte", escreve, porém, Spinoza, "e sua sabedoria não é uma meditação sobre a morte, mas sobre a vida." A segunda parte da frase é tão óbvia quanto a primeira parece paradoxal. Como meditar sobre a vida – isto é, filosofar – sem meditar também sobre sua brevidade, sua precariedade, sua fragilidade? Que o sábio (e somente o sábio é livre, para Spinoza) pense mais no ser do que no não ser, mais na vida do que na morte, mais na sua força do que na sua fraqueza, admitamos. Mas como pensar a vida em sua verdade sem pensá-la também – toda determinação é uma negação – em sua finitude ou em sua mortalidade?

Aliás, Spinoza corrige, em outra passagem da *Ética*, o que esse pensamento, isolado, poderia ter de demasiado unilateral. Para todo ser finito, explica, existe outro mais forte, que pode destruí-lo. Isso equivale a reconhecer que todo ser vivo é mortal e que ninguém pode viver ou perseverar em seu ser sem resistir também a essa morte que o assalta ou o ameaça de todos os lados. O universo é mais forte do que

APRESENTAÇÃO DA FILOSOFIA

nós. A natureza é mais forte do que nós. É por isso que morremos. Viver é combater, resistir, sobreviver, e ninguém pode fazê-lo indefinidamente. No fim, é preciso morrer, e é esse o único fim que nos é prometido. Pensar sempre nele seria pensá-lo demais. Mas não pensar nunca seria renunciar a pensar.

De resto, ninguém é absolutamente livre: ninguém é inteiramente sábio. Isso dá ao pensamento sobre a morte lindos dias pela frente, ou difíceis noites, que não há como não aceitar.

Muitos de nós gostaríamos que houvesse uma vida após a morte, porque somente ela nos possibilitaria responder de forma absoluta à questão que a concerne. Mas a curiosidade, tal como a esperança, não é um argumento.

Na morte, uns veem uma salvação, que talvez alcancem, ou também, a expressão é de Platão, "um bom risco a correr". Os outros, que não esperam nada, salvo o nada, veem nela, porém, mais ou menos um descanso: o desaparecimento do cansaço. As duas ideias são amenas, ou podem ser. É para isso que a ideia da morte pode servir: para tornar a vida mais aceitável, por meio da esperança, ou mais insubstituível, por meio da unicidade. Em ambos os casos, mais uma razão para não a desperdiçar.

Faço parte dos que acham mais provável o nada – tão provável que, na prática, é uma quase certeza. Acostumo-me a ela como posso, e, no fundo, não me acostumo tão mal assim. A morte dos meus próximos me inquieta menos do que seu sofrimento. Minha morte, menos do que a deles. Talvez seja uma conquista da idade, ou da paternidade. Minha morte só tomará de mim eu mesmo; é por isso que me tomará tudo e não me tomará nada, já que não haverá mais ninguém para ter perdido o que quer que seja. A morte dos outros é muito mais real, muito mais sensível, muito mais dolorosa. O que, infelizmente, não nos dispensa de enfrentá-la também. É o que se chama de luto, que Freud mostrou ser, em primeiro lugar, um trabalho sobre si, que requer tempo, como todos sabem, e sem o qual ninguém, nunca, poderia se reconciliar com a existência. "Lembremo-nos", escreve Freud nos *Ensaios de psicanálise*, "do velho adágio: *Si vis pacem, para bellum*. Se queres manter a paz, arma-te para a guerra. Já é hora de modificá-lo: *Si vis vitam, para mortem*. Se queres ser capaz de suportar a vida, está pronto para aceitar a morte." Suportar a vida? É dizer pouco. Se queres amar a vida, eu preferiria dizer, se queres apreciá-la lucidamente, não te esqueças de que morrer faz parte dela. Aceitar a morte – a sua, a dos próximos – é a única maneira de ser fiel à vida até o fim.

Mortais e amantes de mortais: é o que somos, e que nos dilacera. Mas essa dilaceração que nos faz homens, ou mulheres, também é o que dá à vida seu preço mais elevado. Se não morrêssemos, se nossa existência não se destacasse assim contra o fundo tão escuro da morte, seria a vida tão preciosa, rara, perturbadora? "Um pensamento insuficientemente constante sobre a morte", escrevia Gide, "nunca deu valor suficiente ao mais ínfimo instante da tua vida." Portanto, é preciso pensar a morte para amar melhor a vida – em todo caso, para amá-la como ela é: frágil e passageira –, para apreciá-la melhor, para vivê-la melhor, o que é uma justificação suficiente para este capítulo.

5

O conhecimento

Os olhos não podem conhecer a natureza das coisas.

Lucrécio

Conhecer é pensar o que é: o conhecimento é uma certa relação – de conformidade, de semelhança, de adequação – entre o espírito e o mundo, entre o sujeito e o objeto. Assim, conhecemos nossos amigos, nosso bairro, nossa casa: o que temos no espírito, quando pensamos neles, corresponde mais ou menos ao que existe na realidade. Esse *mais ou menos* é o que distingue o conhecimento da verdade. Porque, sobre nossos amigos, podemos nos enganar. Sobre nosso bairro, nunca sabemos tudo. Sobre nossa própria casa, inclusive, podemos ignorar muitas coisas. Quem pode garantir que ela não está sendo atacada pelos cupins ou, ao contrário, não foi construída sobre algum tesouro oculto? Não há conhecimento absoluto, não há conhecimento perfeito, não há conhecimento infinito. Você conhece seu bairro? Claro que sim! Mas para conhecê-lo totalmente, teria de ser capaz de descrever cada rua que há nele, cada construção de cada rua, cada apartamento de cada edifício, cada recanto de cada apartamento, cada grão de poeira em cada recanto, o mais ínfimo átomo de cada grão, o mais ínfimo elétron de cada átomo... Como você poderia? Seria necessária uma ciência acabada e uma inteligência infinita: nem uma nem outra estão ao nosso alcance.

Isso não significa, porém, que não conheçamos nada. Se fosse o caso, como saberíamos o que é conhecer e o que é ignorar? A questão de Montaigne, que é de fato ("Que sei eu?"), ou a questão de Kant, que é de direito ("Que posso saber, como e em que condições?"), supõem, ambas, a ideia de uma verdade no mínimo possível. Se ela não fosse de forma alguma possível, como poderíamos raciocinar e para que serviria a filosofia?

A verdade é o que é (*veritas essendi*: verdade do ser) ou o que corresponde exatamente ao que é (*veritas cognoscendi*: verdade do conhecimento). É por isso que nenhum conhecimento é a verdade: porque nós nunca conhecemos absolutamente o que é, nem tudo o que é. Só podemos conhecer o que quer que seja por meio dos nossos sentidos, da nossa razão, das nossas teorias. Como haveria um conhecimento imediato se todo conhecimento, por natureza, é mediação? Nosso mais ínfimo pensamento traz a marca do nosso corpo, do nosso espírito, da nossa cultura. Toda ideia em nós é humana, subjetiva, limitada e, portanto, não poderia corresponder absolutamente à inesgotável complexidade do real.

"Os olhos humanos só podem perceber as coisas pelas formas do conhecimento delas", dizia Montaigne; e nós só podemos pensá-las, mostrará Kant, pelas formas do nosso entendimento. Outros olhos nos mostrariam outra paisagem. Outro espírito a pensaria de outro modo. Outro cérebro, talvez, inventaria outra matemática, outra física, outra biologia... Como conheceríamos as coisas tais como são *em si mesmas* se conhecê-las é sempre percebê-las ou pensá--las como elas são *para nós*? Não temos acesso direto ao verdadeiro (só podemos conhecê-lo por intermédio da nos-

O CONHECIMENTO

sa sensibilidade, da nossa razão, dos nossos instrumentos de observação e de medida, dos nossos conceitos, das nossas teorias...), nenhum contato com o absoluto, nenhuma abertura infinita para o infinito. Como poderíamos conhecê-los totalmente? Somos separados do real pelos próprios meios que nos permitem percebê-lo e compreendê-lo; como poderíamos conhecê-lo absolutamente? Só há conhecimento para um sujeito. Como poderia ele ser perfeitamente objetivo, mesmo sendo científico?

Conhecimento e verdade são, portanto, dois conceitos diferentes. Mas também são solidários. Nenhum conhecimento é a verdade; mas um conhecimento que não fosse nada verdadeiro não seria um conhecimento (seria um delírio, um erro, uma ilusão...). Nenhum conhecimento é absoluto; mas só é um conhecimento – e não simplesmente uma crença ou uma opinião – pela parte de absoluto que comporta ou autoriza.

Seja, por exemplo, o movimento da Terra em torno do Sol. Ninguém pode conhecê-lo absolutamente, totalmente, perfeitamente. Mas sabemos que esse movimento existe e que se trata de um movimento de rotação. As teorias de Copérnico e de Newton, por mais relativas que sejam (já que são teorias), são mais verdadeiras e mais seguras – logo, mais absolutas – do que as de Hiparco ou de Ptolomeu. Do mesmo modo, a Teoria da Relatividade é mais absoluta (e não, como às vezes pensam, por causa do seu nome, mais relativa!) do que a mecânica celeste do século XVIII, que ela explica e que não a explica. Que todo conhecimento é relativo não significa que todos os conhecimentos se equivalem. O progresso de Newton a Einstein é tão inconteste quanto o que vai de Ptolomeu a Newton.

APRESENTAÇÃO DA FILOSOFIA

É por isso que há uma história das ciências e é por isso que essa história é ao mesmo tempo normativa e irreversível: porque ela opõe o mais verdadeiro ao menos verdadeiro, e porque, nela, nunca se volta a cair nos erros já compreendidos e refutados. É o que mostram, cada um do seu modo, Bachelard e Popper. Nenhuma ciência é definitiva. Mas se a história das ciências é "a mais irreversível de todas as histórias", como diz Bachelard, é que nela o progresso é demonstrável e demonstrado: é que ele é "a própria dinâmica da cultura científica". Nenhuma teoria é absolutamente verdadeira, nem mesmo absolutamente verificável. Mas deve ser possível, se se trata de uma teoria científica, confrontá-la com a experiência, testá-la, *falsificá-la*, como diz Popper, em outras palavras, pôr em relevo, se necessário, sua falsidade. As teorias que resistem a essas provas substituem as que sucumbem a elas, e as integram ou superam. Isso acarreta como que uma seleção cultural das teorias (no sentido em que Darwin fala de uma seleção natural das espécies), graças à qual as ciências progridem – não de certezas em certezas, como às vezes se imagina, mas "por aprofundamento e rasuras", como dizia Cavaillès, em outras palavras, nas palavras de Popper, "por ensaios e eliminação dos erros". É nisso que uma teoria científica é sempre parcial, provisória, relativa, sem que isso autorize, porém, a rejeitar todas elas nem a preferir a elas a ignorância ou a superstição – seria renunciar a conhecer. O progresso das ciências, tão espetacular, tão inconteste, é o que confirma ao mesmo tempo a relatividade (uma ciência absoluta já não poderia progredir) e a verdade pelo menos parcial delas (se não houvesse nada de verdadeiro em nossas ciências, elas também não poderiam progredir e não seriam ciências).

O CONHECIMENTO

No entanto, não se deve confundir *conhecimentos* com *ciências*, nem reduzir aqueles a estas. Você conhece seu endereço, sua data de nascimento, seus vizinhos, seus amigos, seus gostos, enfim, mil e uma coisas que nenhuma ciência ensina nem garante. A percepção já é um saber, a experiência já é um saber, ainda que vago (é o que Spinoza chamava de conhecimento do primeiro gênero), sem o qual qualquer ciência seria impossível. "Verdade científica" não é, portanto, um pleonasmo: há verdades não científicas e teorias científicas que descobriremos um dia não serem verdadeiras.

Imagine, por exemplo, que você vai ser testemunha num processo... Não vão pedir que você demonstre cientificamente este ou aquele ponto, mas simplesmente que você diga o que acha ou, melhor ainda, o que sabe. Você pode se enganar? Claro. É por isso que a pluralidade dos testemunhos é desejável. Mas essa pluralidade só tem sentido se se supõe possível uma verdade, e não haveria justiça de outro modo. Se não tivéssemos nenhum acesso à verdade, ou se a verdade não existisse, que diferença haveria entre um culpado e um inocente? Entre um depoimento e uma calúnia? Entre a justiça e um erro judiciário? E por que lutaríamos contra os negativistas, contra os obscurantistas, contra os mentirosos?

O essencial aqui é não confundir ceticismo com sofística. Ser cético, como Montaigne ou Hume, é pensar que nada é certo, e há excelentes motivos para isso. Chamamos de certeza aquilo de que não podemos duvidar. Mas o que prova uma impotência? Durante milênios, os homens tiveram certeza de que a Terra era imóvel: nem por isso ela deixava de se mover... Uma certeza seria um conhecimento demonstrado. Mas nossas demonstrações só são confiáveis se nossa razão também o é. Ora, como provar que ela é se só poderíamos provar por meio dela? "Para julgar as aparências que recebemos dos objetos", escreve Montaigne, "necessitaríamos de um instrumento judicatório; para verificar esse instrumento, necessitamos da demonstração; para verificar a demonstração de um instrumento: eis-nos andando à roda." É o círculo vicioso do conhecimento, que lhe veda aspirar ao absoluto. Sair dele? Só seria possível por meio da razão ou da experiência; mas nem uma nem outra é capaz de fazê-lo: a experiência, porque depende dos sentidos; a razão, porque depende dela mesma. "Como os sentidos não podem parar nossa disputa, sendo eles próprios cheios de incerteza", continua Montaigne, "tem de ser a razão; nenhuma razão estabelecer-se-á sem outra razão: eis-nos a recuar até o infinito." Só há escolha entre o círculo vicioso e a regressão ao infinito, o que equivale a dizer que não há escolha: exatamente o que torna o conhecimento possível (os sentidos, a razão, o juízo) é o que impede erigi-la em certeza.

Formidável fórmula de Jules Lequier: "Quando alguém crê, com a fé mais inabalável, que possui a verdade, deve saber que crê, e não crer que sabe." À glória de Hume e da tolerância.

Formidável fórmula de Marcel Conche, a propósito de Montaigne. Sem dúvida temos certezas, várias das quais nos parecem certezas de direito (certezas absolutamente fundadas ou justificadas); mas "a certeza de que há certezas de direito nunca é mais do que uma certeza de fato". Cumpre concluir que a certeza mais sólida, a todo rigor, não prova nada: não há provas *absolutamente* probatórias.

Devemos então renunciar a pensar? De jeito nenhum. "Pode ser que haja demonstrações verdadeiras", observa Pascal, "mas não é certo." De fato, isso é coisa que não se pode demonstrar – já que toda demonstração a supõe. A proposição "Há demonstrações verdadeiras" é uma proposição indemonstrável. A proposição "A matemática é verdadeira" só é passível de uma demonstração matemática. A proposição "As ciências experimentais são verdadeiras" não é passível de uma verificação experimental. Mas isso não impede que se faça matemática, física ou biologia, nem que se pense que uma demonstração ou uma experiência valem mais e melhor do que uma opinião. Que tudo é incerto, não é uma razão para parar de buscar a verdade. Porque tampouco é certo que tudo é incerto, observava ainda Pascal, e é isso que dá razão aos céticos ao mesmo tempo que os impede de prová-lo. À glória do pirronismo e de Montaigne. O ceticismo não é o contrário do racionalismo; é um racionalismo lúcido e leva às últimas consequências – até o ponto em que a razão, por rigor, chega a duvidar da sua aparente certeza. Pois o que prova uma aparência?

A sofística é outra coisa: não é pensar que nada é certo, mas pensar que nada é verdadeiro. Isso nem Montaigne nem Hume jamais escreveram. Como, se tivessem acreditado, teriam podido filosofar e por que teriam filosofado? O ceticismo é o contrário do dogmatismo. A sofística, o contrário do racionalismo, ou mesmo da filosofia. Se nada fosse verdadeiro, que restaria da nossa razão? Como poderíamos discutir, argumentar, conhecer? "A cada qual sua verdade"? Se fosse assim, já não haveria verdade nenhuma, porque ela só vale se for universal. Que você está lendo este livro, por exemplo, é possível que ninguém mais, além de você, saiba. Portanto, é universalmente verdadeiro: ninguém pode negar, em nenhum ponto do globo, em nenhuma época, sem dar prova de ignorância ou de mentira. É nisso que "o universal é o lugar dos pensamentos", como dizia Alain, o que nos torna iguais, pelo menos de direito, diante do verdadeiro. A verdade não pertence a ninguém; é por isso que pertence, de direito, a todos. A verdade não obedece; é por isso que é livre, e liberta.

Que os sofistas estão errados, é claro que não se pode demonstrar (já que toda demonstração supõe pelo menos a ideia de verdade); mas que têm razão, é coisa que não se pode nem sequer pensar de maneira coerente. Se não houvesse verdade, não seria verdadeiro que não há verdade. Se tudo fosse mentira, como queria Nietzsche, seria mentira que tudo é mentira. É aí que a sofística é contraditória (o que o ceticismo não é) e se destrói como filosofia. Os sofistas não se preocupam com isso. O que lhes importa uma contradição? O que lhes importa a filosofia? Mas os filósofos, desde Sócrates, se preocupam. Eles têm, para tanto, suas razões, que são a própria razão e o amor à verdade. Se nada é verdade, pode-se pensar qualquer coisa, o que é muito cômodo para os sofistas; mas então já não se pode pensar nada, o que é mortal para a filosofia.

Chamo de sofística todo pensamento que se submete a outra coisa que não o que parece verdadeiro, ou que submete a verdade a outra coisa que não ela mesma (por exemplo, à força, ao interesse, ao desejo, à ideologia...). O conhecimento é o que nos separa dela, na ordem teórica, assim como a sinceridade, na ordem prática. Porque, se nada fosse verdadeiro nem falso, não haveria nenhuma diferença entre o conhecimento e a ignorância, nem entre a sinceridade e a mentira. As ciências não sobreviveriam, nem a moral, nem a democracia. Se tudo é mentira, tudo é permitido: pode-se trapacear com as experiências ou as demonstrações (já que nenhuma é válida), pôr a superstição no mesmo plano das ciências (já que nenhuma verdade as separa), condenar um inocente (já que não há nenhuma diferença pertinente entre um testemunho verdadeiro e um falso), negar as verdades históricas mais bem estabelecidas (já que são tão falsas quanto o resto), deixar os criminosos em liberdade (já que não é verdade que são culpados), autorizar-se a ser um deles (já que, mesmo sendo culpado, não é verdade que se seja), recusar, enfim, toda e qualquer validade a todo e qualquer voto (já que um voto só vale se conhecermos de *verdade* seu resultado)... Quem não vê os perigos que aí se escondem? Se podemos pensar qualquer coisa, podemos fazer qualquer coisa: a sofística conduz ao niilismo, assim como o niilismo leva à barbárie.

É isso que dá ao saber seu alcance espiritual e civilizador. "O que são as Luzes?", indaga Kant. A saída do homem para fora da sua minoria, responde, e ele só pode sair pelo conhecimento: "*Sapere aude!* Ousa saber! Tem a coragem de te valer do teu próprio entendimento. Esta é a divisa das Luzes." Sem nunca ser moralizador (conhecer não é julgar, julgar não é conhecer), todo conhecimento é, porém, uma lição de moral: porque nenhuma moral é possível sem ele, nem contra ele.

É por isso que é necessário buscar a verdade, como dizia Platão, "com toda a alma" – e tanto mais por não ser a alma outra coisa, talvez, que essa busca mesma.

E é por isso que, também, nunca acabaremos de buscar. Não porque não conhecemos nada, o que não é muito verossímil, mas porque nunca conhecemos tudo. O grande Aristóteles, com seu habitual senso de proporção, diz uma coisa impecável: "A busca da verdade é ao mesmo tempo difícil e fácil: ninguém pode alcançá-la absolutamente, nem deixá-la escapar totalmente."

É isso que nos possibilita aprender sempre e que desacredita tanto os dogmáticos (que pretendem possuir abso-

APRESENTAÇÃO DA FILOSOFIA

lutamente o verdadeiro) como os sofistas (que pretendem que o verdadeiro não existe ou está absolutamente fora de alcance).

Entre a ignorância absoluta e o saber absoluto, há lugar para o conhecimento e para o progresso dos conhecimentos. Bom trabalho para todos!

6

A liberdade

> *A obediência à lei que nós nos preceituamos é liberdade.*
>
> ROUSSEAU

Ser livre é fazer o que se quer. Mas isso pode ser entendido em vários sentidos diferentes.

É, antes de mais nada, a liberdade de *fazer*: liberdade de ação, logo, o contrário da obrigação, do obstáculo, da escravidão. A liberdade, escreve Hobbes, "nada mais é do que a ausência de todos os impedimentos que se opõem a qualquer movimento. Assim, a água encerrada num copo não está livre, porque o copo a impede de se derramar e, quando ele se quebra, ela recupera sua liberdade. Desse modo, uma pessoa goza de maior ou menor liberdade conforme o espaço que lhe dão". Sou livre para agir, nesse sentido, quando nada nem ninguém me impede. Essa liberdade nunca é absoluta (sempre há obstáculos) e raramente é nula. Mesmo o prisioneiro, em sua cela, em geral pode ficar de pé ou se levantar, falar ou calar, preparar uma fuga ou adular seus carcereiros... E nenhum cidadão, em nenhum Estado, pode fazer tudo o que quiser: os outros e as leis são limites que ele não poderia ultrapassar sem se arriscar. É por isso que, para designar essa liberdade, costuma-se falar de liberdade *no sentido político*: porque o Estado é a primeira força que a limita, e a única, sem dúvida, capaz de garanti-la. Ela é maior numa democracia liberal do que num Estado

APRESENTAÇÃO DA FILOSOFIA

totalitário. E maior num Estado de direito do que no estado de natureza: porque somente a lei permite que as liberdades de uns e outros coabitem em vez de se opor, se fortaleçam (ainda que limitando-se mutuamente) em vez de se destruir. "Onde não há lei, também não há liberdade", notava Locke. "Porque a liberdade consiste em ser isento de constrangimento e de violência de parte de outrem, o que não pode se dar onde não há lei." O Estado limita sua liberdade? Com certeza. Mas também limita a dos outros, o que permite que a sua exista de forma válida. Sem as leis, haveria tão só violência e medo. E há algo menos livre do que um indivíduo sempre apavorado ou ameaçado?

Ser livre, portanto, é *fazer* o que se quer: liberdade de ação, liberdade no sentido político, liberdade física e relativa. É a liberdade no sentido de Hobbes, de Locke, de Voltaire ("a liberdade nada mais é do que o potencial de agir") e talvez a única cuja realidade e cujo valor não se pode contestar.

Mas também somos livres para *querer* o que queremos? É o segundo sentido da palavra liberdade: liberdade da vontade, liberdade no sentido metafísico, liberdade absoluta, pretendem alguns, e até sobrenatural. Filosoficamente, é o sentido mais problemático e mais interessante.

Tomemos um exemplo. Numa democracia digna desse nome, você é livre para votar, numa eleição, neste ou naquele candidato. Sua liberdade de ação, no segredo da cabine, é total, ainda que não absoluta (ela está subordinada à lista dos candidatos), e é por isso que você pode votar, de fato, em quem quiser. Liberdade política: liberdade de ação.

Mas você também é livre para *querer* votar neste ou naquele candidato? Se você é de esquerda, você é livre para querer votar na direita? Se você é de direita, é livre para preferir a esquerda? Se você não é de um campo político nem de outro, é livre para escolher um? Você pode escolher livremente suas opiniões, seus desejos, seus medos, suas esperanças? Mas como, se você só poderia fazê-lo em nome de outras opiniões, de outros desejos, de outros medos ou esperanças? (A não ser que você caísse numa escolha puramente arbitrária, que não seria, portanto, uma escolha.) Votar *ao acaso* não seria votar livremente. Mas votar *em quem você quiser* não será permanecer prisioneiro da sua vontade ou das causas (sociais, psíquicas, ideológicas...) que a determinam? Escolhemos em função das nossas opiniões. Mas quem escolhe suas opiniões?

"Os homens imaginam ser livres", escreve Spinoza, "porque têm consciência das suas volições e dos seus desejos, e não pensam, nem em sonho, nas causas pelas quais se dispuseram a desejar e a querer, por não terem o menor conhecimento delas." Você faz o que quer? Claro! Mas por que quer? Sua vontade faz parte do real: ela está submetida, como todo o resto, ao princípio de razão suficiente (nada existe sem razão: tudo se explica), ao princípio de causalidade (nada nasce de nada: tudo tem uma causa), enfim, ao determinismo geral dos seres macroscópicos. E ainda que houvesse, no nível microscópico, um indeterminismo último (como pensavam os epicurianos e como a física quântica parece hoje confirmar), nem por isso você deixaria de ser determinado, no nível neurobiológico, pelos átomos que o compõem. Os movimentos deles podem ser aleatórios, mas está fora de cogitação que eles obedeçam à sua vontade: ao contrário, ela é que depende deles. O acaso não é livre. Como uma vontade casual poderia ser?

Há um segredo mais impenetrável do que o da cabine de votação: é o do seu cérebro, em que ninguém penetra, nem mesmo você. Que cédula você vai pôr no envelope? Você pode escolher? Claro que sim. Mas o que você sabe do mecanismo neuronial que levou você a essa escolha? Enfim, essa escolha, supondo-se que você a faça livremente, permanece submetida a quem você é. Milhões de outros escolherão um voto diferente. Ora, quando foi que você escolheu ser você, em vez de outro? Esse é sem dúvida o problema mais difícil. Se não escolhi o sujeito que escolhe ("eu"), todas as escolhas que faço permanecem determinadas pelo que sou, que não escolhi, e não poderiam, portanto, ser absolutamente livres. Mas como poderia eu escolher o que sou, se toda escolha depende do que sou e se, para escolher o que quer que seja, tenho de já ser alguém ou alguma coisa?

Isso vai ao encontro das duas questões de Diderot, em *Jacques, o fatalista*: "Posso não ser eu? E, sendo eu, posso querer diferentemente do que quero?" Mas então o eu é uma prisão: como poderia ser livre?

Não vamos nos apressar e concluir que a liberdade da vontade não existe, ou que não passa de pura ilusão. Ser livre, dizia eu, é fazer o que se quer. Ser livre para querer é, portanto, querer *o que se quer*. Garanto que essa liberdade nunca faltará; porque como alguém poderia não querer o que quer ou querer outra coisa?

Longe de não existir, a liberdade da vontade seria antes, nesse sentido, uma espécie de pleonasmo: toda vontade seria livre, como diziam os estoicos, e é por isso que "livre, espontâneo e voluntário" (como dizia Descartes do ato que está se realizando) são três palavras sinônimas. Essa liberdade, cuja existência poucos filósofos contestaram, é o que podemos chamar de *espontaneidade do querer*. É a liberdade no sentido de Epicuro e de Epicteto, mas também, no essencial, no sentido de Aristóteles, de Leibniz ou de Bergson. É a liberdade da vontade, ou antes, é a própria vontade na medida em que só depende de mim (ainda que esse eu seja determinado): é livre para querer o que quero, é por isso que de fato sou livre.

Meu cérebro me comanda? Seja. Mas se eu *sou* meu cérebro, é que comando a mim mesmo. Eu ser determinado pelo que sou prova que minha liberdade não é absoluta, mas não que ela não exista: a liberdade nada mais é, nesse sentido, do que o poder determinado de se determinar a si mesmo. O cérebro, dizem os neurobiólogos contemporâneos, é um "sistema auto-organizador aberto". Que eu dependa dele, é mais do que verossímil. Mas depender do que somos (e não de outra coisa) é a própria definição da independência! Está certo falar de uma vontade *determinada* para indicar que ela não é nem submissa nem frágil. Não é o contrário da liberdade: é a liberdade em ato.

De resto, pouco importa aqui se se trata do cérebro ou de uma alma imaterial. Ser livre, em ambos os casos, é sempre depender do que somos, e depender exclusivamente disso, em princípio. "Somos livres", escreve Bergson, "quando nossos atos emanam da nossa personalidade inteira, quando eles a exprimem, quando têm com ela essa indefinível semelhança que às vezes encontramos entre a obra e o artista." Claro, Rafael não pode optar por ser Rafael ou Michelangelo. Mas isso, em vez de impedi-lo, é o que lhe permite pintar livremente. Como o nada seria livre? Como um ser impessoal poderia escolher? "Alegarão que cedemos então à influência onipotente do nosso caráter", continua Bergson, mas nota logo em seguida que essa objeção é vazia: "Nosso caráter ainda somos nós", e ser influenciado por si (como não seriamos?) é, justamente, ser livre. "Numa palavra", conclui Bergson, "se convimos chamar de livre todo ato que emana do eu, e tão somente do eu, o ato que traz a marca da nossa pessoa é verdadeiramente livre, porque somente nosso eu reivindicaria sua paternidade." É o que chamo de espontaneidade do querer. Ela ser determinada não impede que seja determinante: aliás, ela só pode ser determinante *por ser* determinada. Não quero qualquer coisa; quero o que quero, e é por isso que sou livre para querê-lo.

Muito bem. Mas também sou livre para querer *outra coisa* que não o que quero? Minha vontade é um poder *espontâneo* de escolha (em outras palavras, um poder que só é submetido ao que sou) ou um poder *indeterminado* de escolha (que não é submetido a nada, nem mesmo ao que sou)? Liberdade relativa, pois (se permanecer dependente do eu), ou absoluta (se até o eu depender dela)? Será que sou livre, por exemplo, para querer votar na direita, se sou de direita, na esquerda, se sou de esquerda (espontaneidade do querer: escolho quem eu quiser), ou sou também livre para querer votar na direita *ou* na esquerda, o que supõe, salvo situação excepcional, que escolho livremente *ser* de direita ou de esquerda? Essa segunda liberdade da vontade, claro que misteriosa (já que parece violar o princípio de identidade: ela supõe que eu possa querer outra coisa que não o que quero), é o que os filósofos chamam às vezes de *liberdade de indiferença* ou, mais comumente, *livre-arbítrio*. Marcel Conche dá uma definição perfeita: "O livre-arbítrio é o poder de se determinar a si mesmo sem ser determinado por nada." É a liberdade no sentido de Descartes, de Kant, de Sartre. Ela supõe que o que *faço* (minha existência) não é determinado pelo que *sou* (minha essência), mas cria o que sou, ao contrário, ou escolhe-o *livremente*. "O que Descartes compreendeu perfeitamente", escreve Sartre, "é que o conceito de liberdade encerrava a exigência de uma autonomia absoluta, que um ato livre era uma produção absolutamente nova, cujo germe não podia ser contido num estado anterior do mundo e que, por conseguinte, liberdade e criação seriam uma só coisa." É por isso que essa liberdade só é possível, como Sartre percebeu, se "a existência preceder a essência": se o homem é livre, é "que, antes de tudo, ele não é nada", como diz ainda Sartre, e só se torna "o que ele se faz". Sou livre unicamente com a condição, por certo paradoxal, de poder não ser o que sou e ser o que não sou, portanto, com a condição de me escolher absolutamente a mim mesmo: "Cada pessoa é uma escolha absoluta de si", escreve Sartre em *O ser e o nada*.

Essa escolha de si por si, sem a qual o livre-arbítrio é impossível ou impensável, é o que Platão, no fim de *A república*, ilustrava com o mito de Er (no qual as almas, entre duas encarnações, escolhem seu corpo e sua vida), é o que Kant chamava de caráter inteligível, e é o que Sartre, numa outra problemática, chama de liberdade original, que precede todas as escolhas e de que todas as escolhas dependem. Essa liberdade é absoluta ou não é. Ela é o poder indeterminado de se determinar a si mesmo, em outras palavras, o livre poder de se criar a si mesmo. É por isso que ela pertence unicamente a Deus, pensarão alguns, ou faz de nós deuses, se é que somos capazes de sê-lo.

Logo, dois sentidos principais – liberdade de ação e liberdade da vontade –, o segundo dos quais se subdivide por sua vez em dois: espontaneidade do querer ou livre-arbítrio.
Isso é tudo? De jeito nenhum. Porque o pensamento também é um ato: fazer o que queremos também pode ser

pensar o que queremos. Isso coloca o problema da liberdade de pensamento ou, como ainda se diz, da liberdade do espírito.

O problema abarca em parte o da liberdade de ação, portanto, da liberdade no sentido político: a liberdade de pensamento (e tudo o que ela supõe: liberdade de informação, de expressão, de discussão...) faz parte dos direitos humanos e das exigências da democracia. Mas isso vai mais adiante. Seja, por exemplo, um problema de matemática: em que sentido sou *livre* para resolvê-lo? No sentido de uma livre escolha? Claro que não: a solução se impõe a mim, se compreendo a demonstração, tão necessariamente quanto me escapa, se não a compreendo. E, no entanto, nenhum constrangimento externo pesa sobre mim quando raciocino: penso o que quero, isto é, o que sei (ou creio) ser verdade. Nenhuma liberdade, sem esse saber, seria efetiva. Se o espírito não tivesse nenhum acesso, nem mesmo parcial, ao verdadeiro, permaneceria prisioneiro de si: seus raciocínios não passariam de um delírio entre outros, e todo pensamento seria um sintoma. O que nos separa disso é a razão. Ela nos liberta de nós mesmos abrindo-nos ao universal. "O espírito nunca deve obediência", escreve Alain. "Uma prova de geometria basta para mostrá-lo; porque, se você acredita nela só por confiar no que lhe dizem, você é um tolo; você trai o espírito." É por isso que nenhum tirano gosta da verdade. É por isso que nenhum tirano gosta da razão. Porque elas só obedecem a si mesmas: porque são livres. Isso não quer dizer, é claro, que possamos pensar qualquer coisa. Mas que a necessidade do verdadeiro é a própria definição da sua independência.

Qual é a soma, num espaço euclidiano, dos três ângulos de um triângulo? Quaisquer que sejam meu corpo, meu

meio, meu país, meu inconsciente e até o que quer que seja eu mesmo, só posso responder – se conheço e compreendo a demonstração – "180 graus". No entanto, é bem possível que eu nunca seja tão livre quanto quando me submeto, assim, apenas à verdade, contanto que a conheça, apenas à razão, digamos – em outras palavras, a essa necessidade em mim que não sou eu, mas que me atravessa e que compreendo.
Poderia multiplicar os exemplos. Quanto são 3 vezes 7? Qual é a relação entre a massa e a energia? Quem matou Henrique IV? É o Sol que gira em torno da Terra ou a Terra em torno do Sol? Só quem ignora tem a opção da resposta; só quem sabe pode responder livremente.
Liberdade do espírito: liberdade da razão. Não é uma livre escolha, é uma livre necessidade. É a liberdade do verdadeiro, ou a verdade como liberdade. É a liberdade segundo Spinoza, segundo Hegel, sem dúvida também segundo Marx e Freud: a liberdade como necessidade compreendida, ou antes, como compreensão da necessidade.
Ser livre, no verdadeiro sentido do termo, é estar submetido unicamente à sua própria necessidade, explica Spinoza: é por isso que a razão é livre, e libertadora.

Liberdade de ação, espontaneidade do querer, livre-arbítrio, liberdade do espírito ou da razão... Entre esses quatro sentidos, cada um poderá escolher aquele ou aqueles (um não exclui o outro) que lhe parecer(em) mais importante(s) ou mais patente(s). Será livre essa escolha? Não dá para responder em absoluto, porque nenhum saber é suficiente para dar a resposta, porque qualquer resposta supõe uma escolha e dela depende. A liberdade é um mistério, pelo menos como problema: nunca poderemos prová-la nem mesmo compreendê-la inteiramente. Esse mistério nos constitui; é por isso que cada um também é um mistério para si. Se escolhi ser o que sou, só posso sê-lo numa outra vida, como queria Platão, num outro mundo, como diria Kant, ou, em todo caso, num nível que não é, como diria Sartre, o da deliberação voluntária, que resulta dessa escolha. Mas dessa outra vida, desse outro mundo ou desse outro nível, não posso ter, por definição, nenhum conhecimento: é por isso que sempre posso crer que sou livre (no sentido do livre-arbítrio), sem nunca poder prová-lo.

Pode ser, aliás, que o essencial não seja isso. Desses quatro sentidos, pelo menos três são difíceis de contestar: a liberdade de ação, a espontaneidade do querer, a livre necessidade da razão. Essas três liberdades têm em comum o fato de, para nós, só existirem de forma relativa (somos *mais ou menos* livres para agir, querer, conhecer), e isso deixa suficientemente claro o que está em jogo: a questão é menos saber se você é absolutamente livre do que compreender como você pode *se tornar* mais livre. O livre-arbítrio, que é um mistério, importa menos do que a *libertação*, que é um processo, um objetivo e um trabalho.

Ninguém nasce livre, torna-se livre. Pelo menos é o que penso, e que, por isso, a liberdade nunca é absoluta, nem infinita, nem definitiva: que somos *mais ou menos* livres e que se trata, é claro, de o sermos o mais possível.

Mesmo que Sartre tivesse razão, isso não bastaria para me deixar sem razão a respeito desse último ponto. O fato de já sermos livres, ou não, não poderia nos dispensar de nos tornar o que somos, como diria Nietzsche. Mesmo que cada um fosse "uma escolha absoluta de si", como quer Sartre, isso não nos dispensaria de agir, nem de querer, nem de conhecer.

A LIBERDADE

A liberdade não é apenas um mistério; também é um objetivo e um ideal. O fato de o mistério não poder ser completamente esclarecido não impede que o ideal nos ilumine. O fato de o objetivo não poder ser totalmente alcançado não impede nem de tendermos a ele, nem de nos aproximarmos dele. Trata-se de aprender a se desprender. Essa liberdade, como vemos em Spinoza, nada mais é que o outro nome da sabedoria.

7

Deus

Crer num Deus significa ver que a vida tem um sentido.

Ludwig Wittgenstein

Não sabemos se Deus existe. É por isso que se coloca a questão de crer em Deus ou não. "Limitar o saber", dizia Kant, "para abrir espaço para a fé." Mas é que o saber é limitado de fato: não apenas porque nunca conheceremos tudo, é claro, mas porque o essencial sempre nos escapa. Ignoramos tanto as causas primeiras como os fins. Por que há alguma coisa em vez de nada? Não sabemos. Nunca saberemos. Por quê (com que fim)? Também não sabemos, nem sequer se há um fim. Mas, se é verdade que nada nasce de nada, a simples existência de alguma coisa – o mundo, o universo – parece implicar que *sempre* houve alguma coisa: que o ser é eterno, incriado, talvez criador, e é o que alguns chamam de Deus.

Existiria desde sempre? Ou antes, fora do tempo, criando a este como cria todas as coisas? Que fazia Deus antes da criação? Não fazia nada, responde santo Agostinho, mas é que, na verdade, não havia *antes* (já que todo "antes" supõe o tempo): havia só o "perpétuo hoje" de Deus, que não é um dia (que Sol para medi-lo, se todo Sol dele depende?), nem uma noite, mas que precede e contém cada dia, cada noite que vivemos, que viveremos, como também todos e todas que, incontáveis, ninguém viveu. Não é a eternidade que é no tempo; o tempo é que é na eternidade. Não é Deus que é no universo; o universo é que é em Deus. Acreditar nisso? Parece o mínimo. Nada, sem esse ser absolutamente necessário, teria razão de existir. Como ele não existiria? Deus está fora do mundo, como sua causa e seu fim. Tudo vem dele, tudo está nele ("é nele que temos o ser, o movimento e a vida", dizia São Paulo), tudo tende a ele. Ele é o alfa e o ômega do ser: o Ser absoluto – absolutamente infinito, absolutamente perfeito, absolutamente real – sem o qual nada de relativo poderia existir. Por que existe alguma coisa em vez de nada? *Porque Deus.* Dirão que isso não suprime a questão (por que Deus em vez de nada?), o que é verdade. Mas Deus seria esse Ser que responde – ele mesmo, por si mesmo, em si mesmo – à questão da sua própria existência. Ele é causa de si, como dizem os filósofos, e esse mistério (como um ser pode causar a si mesmo?) faz parte da definição. "Entendo por causa de si aquilo cuja essência envolve a existência", escreve Spinoza, "em outras palavras, aquilo cuja natureza não pode ser concebida a não ser como existente." Isso só vale para Deus; isso é Deus mesmo. Pelo menos o Deus dos filósofos. "Como Deus entra na filosofia?", pergunta-se Heidegger. Como causa de si, responde: "O ser do ente, no sentido do fundamento, só pode ser concebido como *causa sui.* Isso é nomear o conceito metafísico de Deus." A esse Deus, acrescenta Heidegger, "o homem não pode nem rogar nem sacrificar." Mas nenhuma prece, nenhum sacrifício, sem ele, seria filosoficamente pensável. O que é Deus? É o ser absolutamente necessário (causa de si), absolutamente criador (causa de tudo), absolutamente absoluto (não depende de nada, tudo depende dele): é o Ser dos seres, e o fundamento de todos.

DEUS

Ele existe? Existe por definição, sem que, no entanto, possamos tomar sua definição como prova. É o que há de fascinante e, ao mesmo tempo, de irritante na famosa *prova ontológica* que perpassa – pelo menos de Santo Anselmo a Hegel – toda a filosofia ocidental. Como definir Deus? Como o ser supremo (Santo Anselmo: "o ser tal que nada maior pode ser pensado"), o ser soberanamente perfeito (Descartes), o ser absolutamente infinito (Spinoza, Hegel). Ora, se ele não existisse, não seria nem o maior nem realmente infinito – e alguma coisa faltaria, é o mínimo que se pode dizer, à sua perfeição. Ele existe, pois, por definição: pensar Deus (concebê-lo como supremo, perfeito, infinito...) é pensá-lo como existente. "A existência não pode ser separada da essência de Deus", escreve Descartes, "do mesmo modo que, da essência de um triângulo retilíneo, a grandeza de seus três ângulos iguais a dois ângulos retos, ou da ideia de uma montanha, a ideia de um vale; de sorte que não há menos repugnância em conceber um Deus (isto é, um ser soberanamente perfeito) a que falte a existência (isto é, a que falte a perfeição) do que em conceber uma montanha que não tenha vale." Dirão que isso não prova que montanhas e vales existem... Certamente, responde Descartes, mas sim que montanhas e vales não podem se separar umas dos outros. O mesmo ocorre, tratando-se de Deus: sua existência é inseparável da sua essência, inseparável dele, portanto, e é por isso que ele existe necessariamente. O conceito de Deus, escreverá Hegel, "inclui nele o ser": Deus é o único ser que existe *por essência*.

Está claro que essa prova ontológica não prova nada, senão todos seríamos crentes, o que a experiência basta para desmentir, ou idiotas, o que ela não basta para atestar. Aliás, como uma definição poderia provar o que quer que seja? Seria o mesmo que pretender enriquecer definindo a riqueza... Cem francos reais não contêm nada mais do que cem francos possíveis, nota Kant; mas sou mais rico com cem francos reais "do que com seu simples conceito ou possibilidade". Não basta definir uma soma para possuí-la. Não basta definir Deus para prová-lo. Aliás, como poderíamos demonstrar por conceitos uma existência? O mundo, parece, é um argumento melhor (não mais *a priori*, mas *a posteriori*), e é isso que a *prova cosmológica* significa.

De que se trata? Da aplicação do princípio de razão suficiente ao próprio mundo. "Nenhum fato", escreve Leibniz, "poderia ser verdadeiro ou existente, nenhuma enunciação poderia ser verdadeira, sem que houvesse uma razão suficiente para que seja assim, e não de outro modo." Equivale a dizer que tudo o que existe deve poder, pelo menos de direito, ser explicado – mesmo que fôssemos incapazes de fazê-lo. Ora, o mundo existe, mas sem poder se explicar (ele é contingente: poderia não existir). Portanto, para explicar sua existência, é preciso lhe supor uma causa. Mas se essa causa também fosse contingente, deveria, por sua vez, ser explicada por outra, e assim infinitamente, de tal modo que a série inteira das causas – logo, o mundo – pareceria inexplicada. Assim, para explicar o conjunto dos seres contingentes (o mundo), é necessário supor um ser absolutamente necessário (Deus). "A última razão das coisas", continua Leibniz, "deve estar numa substância necessária, na qual o detalhe das mudanças só exista eminentemente, como na fonte; é a isso que chamamos Deus." Para dizer com outras palavras: *Se o mundo, então Deus; ou: o mundo, logo Deus.*

Essa prova *a contingentia mundi* (pela contingência do mundo), tal como Leibniz a formula (mas também era o argumento de Tomás de Aquino e, já, em certo sentido, de Aristóteles), é, a meus olhos, o argumento mais forte, o mais perturbador, o único que às vezes me faz vacilar. A contingência é um abismo em que perdemos o pé. Como seria ele sem fundo, sem causa, sem razão? A prova cosmológica vale, porém, tanto quanto o princípio de razão. Ora, como um princípio, nesses domínios, poderia provar o que quer que seja? Querer provar Deus pela contingência do mundo continua sendo passar de um conceito (o de causa necessária) a uma existência (a de Deus), e é por isso que, como observava Kant, essa prova cosmológica se reduz, na verdade, à prova ontológica. Por que nossa razão seria a norma do ser? Como teríamos certeza absoluta do seu valor, do seu alcance, da sua confiabilidade? Somente um Deus poderia garanti-las. É o que impede de demonstrar racionalmente que ele existe: já que, para garantir a verdade dos nossos raciocínios, seria necessário pressupor a existência desse mesmo Deus, que se trata de demonstrar. Só escapamos do abismo para cair num círculo: é passar de uma aporia a outra.

Sobretudo, essa prova cosmológica só provaria, no melhor dos casos, a existência de um ser necessário. Mas o que nos garante que esse ser é, no sentido ordinário do termo, um *Deus*? Poderia ser a Natureza, como queria Spinoza, em outras palavras, um ser eterno e infinito, claro, mas sem nenhuma subjetividade ou personalidade: um ser sem consciência, sem vontade, sem amor, e ninguém veria nele um Deus aceitável. De que adianta rogar a ele, se ele não nos escuta? De que adianta obedecer, se ele não nos pede nada? De que adianta amá-lo, se ele não nos ama?

Donde, talvez, a terceira das grandes provas tradicionais da existência de Deus: a *prova físico-teológica*, que eu preferiria chamar de prova *físico-teleológica* (do grego *telos*: o fim, a finalidade). O mundo seria ordenado demais, harmonioso demais, evidentemente *finalizado* demais, para que se possa explicá-lo sem supor, na sua origem, uma inteligência benevolente e organizadora. Como o acaso poderia fabricar um mundo tão bonito? Como poderia explicar o aparecimento da vida, sua incrível complexidade, sua evidente teleonomia? Se encontrassem um relógio num planeta qualquer, ninguém poderia acreditar que ele se explicasse unicamente pelas leis da natureza: qualquer um veria nele o resultado de uma ação inteligente e deliberada. Ora, qualquer ser vivo é infinitamente mais complexo do que o relógio mais sofisticado. Como é que o acaso, que não poderia explicar este, explicaria aquele?

Os cientistas responderão, quem sabe, um dia. Mas desde já é impressionante constatar que esse argumento, que foi por muito tempo o mais popular, o mais imediatamente convincente (já era o argumento de Cícero, será o de Voltaire e o de Rousseau), perdeu, hoje, boa parte da sua evidência. É que a harmonia se fende – quantos acasos no universo, quantos horrores no mundo! – e que o que dela resta se explica cada vez melhor (pelas leis da natureza, pelo acaso e a necessidade, pela evolução e a seleção das espécies, pela racionalidade imanente de tudo...). Não há relógio sem relojoeiro, diziam Voltaire e Rousseau. Mas que relógio ruim o que contém terremotos, furacões, secas, animais carnívoros, um sem-número de doenças – e o homem! A natureza é cruel, injusta, indiferente. Como ver nela a mão de Deus? É o que se chama, tradicionalmente, o problema do mal. Fazer dele um *mistério*, como faz a maioria dos crentes, é reconhecer-se incapaz de resolvê-lo. A prova físico-teológica fica, por conseguinte, amputada do essencial do seu alcance. Sofrimentos demais (e muito antes da existência da humanidade: os bichos também sofrem), carnificinas demais, injustiças demais. A vida é uma maravilha de organização? Sem dúvida. Mas também um acúmulo aterrador de tragédias e de horrores. Milhões de espécies animais se alimentando com milhões de outras criam, para a biosfera, uma espécie de equilíbrio. Mas à custa, para os viventes, de quantas atrocidades? Os mais aptos sobrevivem; os outros desaparecem. Isso realiza, para as espécies, uma sorte de seleção. Mas à custa, para os indivíduos, de quantas dores e injustiças? A história natural não é nem um pouco edificante. A história humana também não. Que Deus após Darwin? Que Deus após Auschwitz?

A prova ontológica, a prova cosmológica, a prova físico-teológica... São as três grandes "provas" tradicionais da existência de Deus, que eu não podia deixar de evocar neste capítulo. No entanto, forçoso é reconhecer que elas não provam nada, como Kant mostrou suficientemente, e como Pascal, antes dele, reconhecera. Isso não impedia esses dois gênios de acreditar em Deus, ou antes, é o que fazia da crença deles o que ela é: uma fé, não um saber; uma graça ou uma esperança, não um teorema. Eles acreditavam ainda mais em Deus por terem renunciado a demonstrar sua existência. Sua fé era tanto mais viva, relativamente, por se saber objetivamente inverificável.

Hoje é a regra geral. Não conheço filósofos contemporâneos que se interessem por essas provas por motivos que não sejam históricos, nem crentes que se fiem nelas. Provas? Se houvesse, para que a fé? Um Deus que se poderia demonstrar seria um Deus?

Isso não impede de refletir sobre elas, de examinar essas provas, nem de inventar outras. Poderíamos, por exemplo, conceber outra prova puramente *panteísta* (do grego *to pan*: o tudo) da existência de Deus. Chamemos Deus ao conjunto de tudo o que existe: ele existe, portanto, mais uma vez, por definição (o conjunto de tudo o que existe, existe necessariamente). E daí, se isso não nos diz nem o que ele é nem o que ele vale? O universo só faria um Deus plausível se pelo menos ele pudesse acreditar nesse Deus. É o que acontece? "Deus é a consciência de si do Todo", diz meu amigo Marc Wetzel. Pode ser. Mas o que nos prova que o Todo tem uma consciência?

Todas essas provas têm em comum provar ao mesmo tempo demais e muito pouco. Mesmo que demonstrassem a existência de algo necessário, absoluto, eterno, infinito etc., fracassariam em provar que esse algo é um *Deus*, no sentido em que o entendem a maioria das religiões: não apenas um ser, mas uma pessoa; não apenas uma realidade, mas um sujeito; não apenas algo, mas alguém – não apenas um Princípio, mas um Pai.

É também essa a fraqueza do deísmo, que é uma fé sem culto e sem dogmas. "Creio em Deus", escreve-me uma leitora, "mas não no Deus das religiões, que são humanas e nada mais. O verdadeiro Deus é desconhecido..." Muito bem. Mas se não o conhecemos, como saber que é Deus?

Crer em Deus supõe conhecê-lo, pelo menos um pouco, o que só é possível por razão, revelação ou graça. Mas a razão, cada vez mais, se confessa incompetente. Restam, pois, a revelação e a graça: resta, portanto, a religião... Qual? Pouco importa aqui, já que a filosofia não tem nenhum meio de arbitrar entre elas. O Deus dos filósofos importa menos, para a maioria de nós, que o Deus dos profetas, dos místicos ou dos crentes. Pascal e Kierkegaard, melhor que Descartes ou Leibniz, disseram o essencial: Deus é objeto de fé, mais do que de pensamento, ou antes, ele não é objeto nenhum, mas sujeito, absolutamente sujeito, e só se oferece no encontro ou no amor. Pascal, numa noite de fogo, acreditou experimentá-lo: "Deus de Abraão, Deus de Isaac, Deus de Jacó, não dos filósofos e dos sábios. Certeza, sentimento, alegria, paz. Deus de Jesus Cristo... Alegria, alegria, alegria, prantos de alegria." Isso não é uma demonstração. Mas nenhuma demonstração, sem essa experiência, bastaria para a fé.

É aí, talvez, que a filosofia se detém. Para que demonstrar o que se encontra? Como provar o que não se encontra? O ser não é um predicado, Kant tem razão nesse ponto, e é por isso que, já dizia Hume, não é possível nem demonstrar nem refutar uma existência. O ser é mais constatável do que demonstrável; ele se submete à prova e dele não se dá prova.

Dirão que a experiência prova. Que nada, porque, neste caso, ela não é nem reiterável, nem verificável, nem mensurável, nem mesmo absolutamente comunicável... A experiência não prova nada, já que há experiências falsas ou ilusórias. Uma visão? Um êxtase? As drogas também os proporcionam. E o que prova uma droga? Quem vê Deus, como saber se vê ou se alucina? Quem o ouve, como saber se o escuta ou se o faz falar? Quem sente sua presença, seu amor, sua graça, como saber se os percebe ou fantasia? Não conheço crente que tenha mais certeza na verdade da sua fé do que tenho na dos meus sonhos, quando durmo. Basta dizer que uma certeza, na medida em que permanece puramente subjetiva, não prova nada. É o que se chama fé: "uma crença que só subjetivamente é suficiente", escreve Kant, e que, por isso, não pode ser imposta – nem teórica nem praticamente – a ninguém.

Em outras palavras, Deus é menos um conceito do que um mistério, menos um fato do que uma questão, menos uma experiência do que uma aposta, menos um pensamento do que uma esperança. Ele é o que convém supor para escapar do desespero (é essa a função, em Kant, dos postulados da razão prática), e é por isso que a esperança, tanto quanto a fé, é uma virtude teologal – porque ela tem Deus mesmo como objeto. "O contrário de desesperar é crer", escreve Kierkegaard: Deus é o único ser capaz de satisfazer absolutamente nossa esperança.

Que isso, mais uma vez, não prova nada, é o que cumpre reconhecer, para terminar: a esperança não é um argumento, pois, como dizia Renan, é possível que a verdade seja triste. Mas que valem os argumentos que não deixam nada a esperar?

O que esperamos? Que o amor seja mais forte do que a morte, como diz o *Cântico dos cânticos*, mais forte do que o ódio, mais forte do que a violência, mais forte do que tudo, e só isso seria Deus, verdadeiramente: o amor onipotente, o amor que salva, e o único Deus absolutamente amável – porque seria absolutamente amante. É o Deus dos santos e dos místicos: "Deus é amor", escreve Bergson, "e é objeto de amor: toda a contribuição do misticismo está aí. Desse duplo amor, o místico nunca terminará de falar. Sua descrição é interminável, porque a coisa a descrever é inexprimível. Mas o que ela diz claramente é que o amor divino não é algo de Deus: é Deus mesmo."

Objetarão que esse Deus é menos uma *verdade* (o objeto de um conhecimento) do que um *valor* (o objeto de um desejo). Sem dúvida. Mas acreditar nele é acreditar que esse valor supremo (o amor) também é a verdade suprema (Deus). Isso não pode ser demonstrado. Isso não pode ser refutado. Mas isso pode ser pensado, esperado, acreditado. Deus é a verdade que constitui norma – a conjunção do

DEUS

Verdadeiro e do Bem –, e a norma, a esse título, de todas as verdades. O desejável e o inteligível, nesse nível supremo, são idênticos, explicava Aristóteles, e é essa *identidade*, se é que ela existe, que é Deus. Como dizer melhor que somente ele poderia nos saciar ou nos consolar absolutamente? "Somente um Deus poderia nos salvar", reconhecia Heidegger. Portanto, é crer nele ou renunciar à salvação.

É por isso que Deus faz sentido, notemos para concluir, e proporciona sentido: primeiro porque todo sentido, sem ele, vem se chocar contra a insensatez da morte; depois porque só existe sentido para um sujeito e, por conseguinte, só existe sentido absoluto para um sujeito absoluto. Deus é o sentido do sentido, e o contrário, por isso, do absurdo ou do desespero.

Deus existe? Não podemos saber. Deus seria a resposta à questão do ser, à questão do verdadeiro, à questão do bem, e essas três respostas – ou essas três pessoas... – não seriam mais do que uma.

Mas o ser não responde: é o que chamamos de mundo.

Mas o verdadeiro não responde: é o que chamamos de pensamento.

O bem? Ele ainda não responde, e é o que chamamos de esperança.

8

O ateísmo

A fé salva, logo mente.
NIETZSCHE

O ateísmo é um objeto filosófico singular. É uma crença, mas negativa. Um pensamento, mas que se alimenta do vazio do seu objeto. É o que a etimologia indica suficientemente: esse minúsculo *a* privativo do imenso *theos* (deus)... Ser ateu é ser *sem deus*, seja porque o ateu se contenta com não crer em nenhum, seja porque afirma a inexistência de todos. Num mundo monoteísta, como o nosso, podemos distinguir, por conseguinte, dois ateísmos diferentes: não crer em Deus (ateísmo negativo) ou crer que Deus não existe (ateísmo positivo, ou mesmo militante). Ausência de uma crença ou crença numa ausência. Ausência de Deus ou negação de Deus.

Mas é bom evitar assinalar demasiadamente a diferença entre esses dois ateísmos. São muito mais duas correntes do que dois rios; dois polos, mas de um mesmo campo. Todo incréu pode, de ordinário, situar-se, hesitar, flutuar entre os dois... Nem por isso é menos ateu. Ou se crê em Deus ou não se crê: é ateu toda pessoa que escolhe o segundo termo da alternativa.

E o agnóstico? É aquele que se recusa a escolher. Nisso, está bem próximo do que eu chamava de ateísmo negativo, porém é mais aberto, é sua característica, à possibilidade de Deus. É como um centrismo metafísico ou um ceticismo religioso. O agnóstico não toma partido. Não decide. Não é nem crente nem descrente: deixa o problema suspenso. Tem excelentes razões para tanto. A partir do momento em que não se sabe se Deus existe (se soubesse, a questão não se colocaria mais), por que se pronunciar sobre sua existência? Por que afirmar ou negar o que se ignora? A etimologia, aqui também, é esclarecedora. *Ágnostos*, em grego, é o desconhecido ou o inconhecível. O agnóstico, em matéria de religião, é aquele que ignora se Deus existe ou não e que se atém a essa ignorância. Como condená-lo por isso? A humildade parece estar do seu lado. A lucidez parece estar do seu lado. Por exemplo, nesta bela fórmula de Protágoras: "Sobre os deuses, não posso dizer nada, nem se eles são, nem se eles não são. Muitas coisas impedem de sabê-lo: em primeiro lugar, a obscuridade da questão, depois, a brevidade da vida humana." Posição respeitável, nem é preciso dizer, e que até parece sensata. Ela remete o crente e o ateu ao exagero comum de ambos: os dois dizem mais do que sabem.

Mas isso, que faz a força do agnosticismo, também faz sua fraqueza. Se ser agnóstico fosse apenas não saber se Deus existe, todos nós deveríamos ser agnósticos – já que nenhum de nós, sobre essa questão, dispõe de um saber. O agnosticismo, nesse sentido, seria menos uma posição filosófica do que um dado da condição humana. Se você encontra alguém que diz "Eu sei que Deus não existe", esse alguém não é um ateu, é um imbecil. Digamos que é um imbecil que confunde sua descrença com um saber. Do mesmo modo, se você encontra alguém que diz "Sei que Deus existe", é um imbecil que tem fé. A verdade, convém insistir, é que não sabemos. Crença e descrença não têm prova, e é isso que as define: quando sabemos, não há mais por que crer ou não. De modo que, como dizem os lógicos, o agnosticismo perde em compreensão o que ganha em extensão. Se todo o mundo pertence ao seu campo, que sentido tem proclamar-se agnóstico? O agnosticismo só se torna filosoficamente significativo quando também vai mais longe do que a simples afirmação da sua ignorância: afirmando que essa afirmação basta ou é melhor que as outras. É escolher não escolher. Isso esclarece suficientemente, por diferença, o que é o ateísmo: uma opção, que pode ser negativa (não crer em Deus) ou positiva (crer que Deus não existe), mas que sempre supõe uma tomada de posição, um compromisso, uma resposta – ponto em que o agnosticismo, e é nisso que consiste sua grandeza e seu limite, se atém à questão e a deixa em aberto. O agnóstico não toma partido. O ateu sim: toma partido contra Deus, ou antes, contra sua existência.

Por quê? Não há prova, e os ateus, neste ponto, têm sido mais lúcidos do que os crentes. Não há equivalente, na história do ateísmo, das célebres e supostas "provas da existência de Deus"... Como provar uma inexistência? Quem, por exemplo, poderia provar que Papai Noel não existe? Que os fantasmas não existem? Como provar, *a fortiori*, que Deus não existe? Como nossa razão poderia demonstrar que nada a supera? Como poderia refutar o que, por essência, estaria fora do seu alcance? Essa impossibilidade não nos fada, porém, à tolice, nem justifica que renunciemos a pensar. Não há prova, mas há argumentos. Como sou ateu, gostaria de esboçar alguns.

O primeiro, simplíssimo, é puramente negativo: uma razão forte de ser ateu é, antes de mais nada, a fraqueza dos argumentos opostos. Fraqueza das "provas", claro, mas tam-

bém fraqueza das experiências. Se Deus existisse, deveríamos poder vê-lo e senti-lo mais! Por que Deus se esconderia tanto assim? Os crentes costumam responder que é para preservar nossa liberdade: se Deus se mostrasse em toda a sua glória, já não seríamos livres para crer nele ou não...
Essa resposta não me satisfaz. Primeiro porque, se assim fosse, seríamos mais livres do que Deus (como o coitado poderia duvidar da sua existência?) ou que vários dos seus profetas (que o teriam encontrado em pessoa), o que parece filosófica e teologicamente difícil de pensar.

Depois porque sempre há menos liberdade na ignorância do que no saber. Deveríamos, para respeitar a liberdade das crianças, renunciar a instruí-las? Todo professor assume o compromisso inverso, e todo pai: que os jovens serão tanto mais livres quanto mais souberem! A ignorância nunca é livre; o conhecimento nunca é servo.

Enfim, e sobretudo, porque o argumento me parece incompatível com a imagem, hoje dominante, de um Deus Pai. Que eu respeite a liberdade dos meus filhos, é evidentemente desejável. Mas a liberdade deles é a de me amar ou não, de me obedecer ou não, de me respeitar ou não, o que supõe... que eles pelo menos saibam que eu existo! Que triste pai seria aquele que, para respeitar a liberdade dos seus filhos, se recusasse a viver com eles, a acompanhá-los e até a se dar expressamente a conhecer! A Revelação! Mas que pai, para criar seus filhos, se contentaria com uma palavra dirigida a outros, mortos séculos atrás e que só lhes seria transmitida por textos equívocos e duvidosos? Que pai remeteria seus filhos à leitura das suas obras escolhidas ou das obras de seus discípulos (quais? A Bíblia? O Corão? Os Upanixades?), em vez de conversar diretamente com eles e apertá-los contra seu coração? Que pai mais esquisito: que

Deus mais esquisito! E há pai mais atroz do que aquele que, quando seus filhos sofrem, ainda se esconde? Qual é esse Pai que se esconde em Auschwitz, que se esconde em Ruanda, que se esconde quando seus filhos sentem dor ou medo? O *Deus oculto* de Pascal ou de Isaías seria um mau pai. Como amá-lo? Como acreditar nele? O ateísmo tem uma hipótese mais verossímil. Se não vemos Deus e se não podemos compreender por que ele se esconde, talvez seja, simplesmente, porque ele não existe...

O segundo argumento é igualmente negativo, mas desta vez é menos empírico, por assim dizer, do que teórico. A principal força de Deus, para o pensamento, é explicar o mundo, a vida, o próprio pensamento... Mas de que vale essa explicação quando Deus, se é que ele existe, é por definição inexplicável? Que a religião é uma crença possível, não desconvenho. Que é respeitável, nem é preciso dizer. Mas eu me interrogo sobre seu conteúdo de pensamento. Que mais é uma religião senão uma doutrina que explica alguma coisa que não compreendemos (a existência do universo, da vida, do pensamento...) por meio de alguma coisa que compreendemos ainda menos (Deus)? E que pode valer, de um ponto de vista racional, essa explicação? É "o asilo da ignorância", como dizia Spinoza, e temo que isso também valha para o Deus dele. "Deus, isto é, uma substância constituída por uma infinidade de atributos, cada um dos quais exprime uma essência eterna e infinita, existe necessariamente." É o que podemos ler na *Ética*. Mas que sabemos de um Deus assim e dessa infinidade de atributos infinitos? Nada, a não ser o que se assemelha a nós ou nos atravessa (a extensão, o pensamento), e que não faz um Deus. Mas então, por que acreditar nele? É Freud que tem razão aqui: "A ignorância é a ignorância; não poderia derivar dela nenhum direito a crer em alguma coisa." Ou antes, temos o direito de crer, o que não pode fazer as vezes de conhecimento. À glória do pirronismo. A ignorância não poderia justificar nenhuma fé, nem a razão, tratando-se de Deus, poderia suprimir a ignorância.

Mas então explicar o que quer que seja por Deus (e *a fortiori* pretender tudo explicar!), é não explicar nada, e substituir uma ignorância por outra. Para quê?

"Não sou ateu", dizia-me um amigo, "creio que existe um mistério..." Essa é boa! Para ser ateu, seria preciso não reconhecer isso? Seria preciso pretender saber tudo, compreender tudo, explicar tudo? Não seria mais ateísmo, e sim cientificismo, e sim cegueira, e sim tolice. Mesmo que pudéssemos explicar tudo no universo, e estamos longe disso, restaria explicar o próprio universo, o que não é possível. Depois restaria julgar, agir, amar, viver, para o que nenhuma ciência pode nos bastar. Ser ateu não dispensa de ser inteligente e lúcido. É o que distingue o ateísmo do cientificismo, que seria um ateísmo bitolado. O cientificismo é uma religião da ciência: não é a essência do ateísmo, do materialismo ou do racionalismo; é a fossilização dogmática e religiosa deles. Digamos que é a religião dos incréus: esse livre-pensamento é o contrário, quase sempre, de um pensamento livre!

Que as ciências não explicam tudo, que a razão não explica tudo, é evidente. Existe o desconhecido, existe o incompreensível, existe o mistério, e sempre existirá. Ao negar isso, os cientificistas com certeza estão errados. Mas com que direito os crentes podem querer se apropriar desse mistério, reservá-lo para si, fazer dele uma especialidade sua? O fato de haver mistério não dá razão à religião, nem desautoriza a razão! Desautoriza, isso sim, o dogmatismo, e qualquer dogmatismo, seja ele religioso ou racionalista. É por isso que desautoriza, em espécie, as religiões, que só existem por seus dogmas. Um cientista não precisa adorar a ciência. Mas que seria um crente que não adorasse seu Deus?

Ser ateu não é rejeitar o mistério; é rejeitar livrar-se do mistério ou reduzi-lo sem maiores esforços, mediante um ato de fé ou de submissão. Não é explicar tudo; é recusar-se a explicar tudo pelo inexplicável.

Crer em Deus, ao contrário, não é acrescentar mistério ao mundo; é acrescentar um nome (mesmo que seja impronunciável) a esse mistério, e reduzi-lo, tranquilamente, mesquinhamente, a uma história de poder ou de família, de aliança ou de amor... Deus onipotente, Deus criador, Deus juiz e misericordioso – "Pai nosso, que estais no céu..." Isso explica tudo, mas mediante uma coisa que não se explica. Logo, não explica nada; apenas desloca o mistério – quase sempre para o lado do antropomorfismo. "No princípio, Deus criou o céu e a terra, depois o homem, à sua imagem e semelhança..." É explicar o universo, que nos contém, por algo que se parece conosco, ou por alguém com quem parecemos. "Se Deus nos fez à sua imagem", escrevia Voltaire, "nós o reproduzimos muito bem." Psicologicamente, o que há de mais compreensível? Filosoficamente, o que há de mais duvidoso? O universo é mais misterioso do que a Bíblia ou o Corão. Como esses livros, que ele contém, poderiam explicá-lo?

Qualquer florzinha é um mistério insondável. Mas por que querer que esse mistério seja solúvel na fé?

O essencial nos é desconhecido. Mas por que querer que o desconhecido seja Deus?

Os três outros argumentos são, poderia dizer, positivos. O primeiro é ao mesmo tempo o mais trivial e o mais forte:

é o argumento do mal. Há horrores demais no mundo, sofrimentos demais, injustiças demais, para que se possa crer facilmente que ele foi criado por um Deus absolutamente bom e onipotente. A aporia é bem conhecida, desde Epicuro ou Lactâncio: ou Deus quer eliminar o mal e não consegue, e nesse caso não é onipotente; ou poderia e não quer, e nesse caso não é perfeitamente bom... Ora, se ele não é as duas coisas (e *a fortiori* se não é nem uma coisa nem outra: se não quer nem pode suprimir o mal), ainda é um Deus? É o problema de toda teodiceia, tal como Leibniz o formula: *"Se Deus existe, de onde vem o mal? Se não existe, de onde vem o bem?"* Mas o mal é uma objeção mais forte contra a fé do que o bem contra o ateísmo. Porque é mais incontestável, mais ilimitado, mais irredutível. Uma criança ri? Não precisamos de um Deus para explicar isso. E quando uma criança morre, e quando uma criança sofre atrozmente? Quem ousaria, diante dessa criança, diante da sua mãe, celebrar a grandeza de Deus e as maravilhas da criação? Ora, quantas crianças sofrem atrozmente, a cada instante, pelo mundo afora?

Os crentes retorquirão que o homem muitas vezes é o responsável por esses horrores... Certamente. Mas não é causa de todos eles, nem de si. A liberdade não explica tudo. O pecado não explica tudo. Pensemos na forte tirada de Diderot: "O Deus dos cristãos é um pai que dá enorme importância às suas maçãs e muito pouca a seus filhos." Isso também vale contra o Deus dos judeus ou dos muçulmanos. Isso vale contra todo Deus supostamente de amor e de misericórdia – mas como, sem isso, seria ele Deus? Por que aceitar dele, mais uma vez, o que não toleraríamos de um pai? Já me aconteceu passar várias horas no serviço de pediatria de um grande hospital parisiense. Isso proporciona uma ideia bastante elevada do homem. E bastante baixa de Deus, se existisse. "O sofrimento das crianças é um mal absoluto", escreve com razão Marcel Conche, um mal que basta para impossibilitar toda e qualquer teodiceia. Quantas atrocidades, que nenhum erro poderia explicar nem justificar? Quantos sofrimentos antes do primeiro pecado? Quantos horrores, inclusive, antes da existência da humanidade? Que Deus é esse que abandona as gazelas aos tigres e as crianças ao câncer?

O segundo argumento é mais subjetivo, e eu o apresento como tal. Não tenho uma ideia muito elevada da humanidade em geral e de mim mesmo em particular para imaginar que um Deus tenha podido nos criar. Seria uma causa grande demais para um efeito tão pequeno! Por toda parte, mediocridade demais, baixeza demais, *miséria* demais, como diz Pascal, e grandeza de menos.

Não que convenha, neste terreno, carregar nas tintas. Toda misantropia é injusta: é fazer como se os heróis não existissem, como se as pessoas de bem não existissem, e dar razão, assim, tolamente, aos malvados e aos covardes. Mas, enfim, os heróis também têm seus lados vis, o que os torna humanos, do mesmo modo que as pessoas de bem têm suas fraquezas. Nem uns nem outros necessitam de um Deus para existirem ou para serem concebíveis. Basta a coragem. Basta a gentileza. Basta a humanidade. E que Deus, inversamente, para justificar o ódio, a violência, a covardia, a tolice, que são incontáveis? Deixemos de lado os monstros e os canalhas. O simples conhecimento de si, como viu Bergson, leva a lamentar ou desprezar o homem, muito mais do que a admirá-lo. Egoísmo demais, vaidade demais, medo demais. Coragem e generosidade de menos. Amor-próprio demais, amor de menos. A humanidade é uma criação tão irrisória. Como é que um Deus poderia querer *isso*?

Há muito narcisismo na religião, em toda religião (se Deus me criou, é que eu merecia ser criado!), e é essa uma razão de ser ateu: crer em Deus seria pecado de orgulho. Já o ateísmo é uma forma de humildade. É considerar--se um animal, como de fato somos, e deixar-nos o encargo de *nos tornar* humanos. Dirão que esse *encargo* foi Deus que nos confiou, para nos permitir prolongar, à nossa medida, sua criação... Pode ser. Mas o encargo é pesado demais e a medida, estreita demais para que a resposta possa me satisfazer. A natureza, para os pequenos seres que somos, me parece uma causa mais plausível.

O terceiro argumento positivo pode surpreender mais ainda. Se não creio em Deus é também, e talvez principalmente, porque preferiria que ele existisse. É a aposta de Pascal, se quiserem, mas invertida. Não se trata de pensar no mais vantajoso – o pensamento não é nem um comércio nem uma loteria –, mas no mais verossímil. Ora, Deus é tanto menos *verossímil*, parece-me, quanto mais é *desejável*: ele corresponde tão bem a nossos desejos mais fortes que é o caso de indagar se não o inventamos por isso.

Que desejamos acima de tudo? Não morrer, reencontrar os seres queridos que perdemos, ser amados... E o que nos diz a religião, por exemplo, a religião cristã? Que não morreremos, ou não morreremos verdadeiramente, ou que vamos ressuscitar; que, por conseguinte, reencontraremos os seres queridos que perdemos; enfim, que somos desde já amados de um amor infinito... O que mais pedir? Nada, claro, e é o que torna a religião improvável! Por que milagre o real, que não costuma se prestar a isso, corresponderia a tal ponto aos nossos desejos? Isso não prova que Deus não existe – pois ele é o que, por definição, tornaria os milagres possíveis –, mas nos leva a indagar se Deus não é bom demais para ser verdade, se acreditar nele não é confundir seus desejos com a realidade, em suma, se a religião não é simplesmente uma *ilusão*, no sentido que Freud dá a esse termo: não necessariamente um erro (pode ser, repitamos, que Deus exista), mas "uma crença derivada dos desejos humanos". Isso, sem a refutar, a fragiliza. "Seria certamente lindo", escreve Freud, "se houvesse um Deus criador do mundo e uma Providência cheia de bondade, uma ordem moral do universo e uma vida futura, mas é curioso que tudo isso é exatamente o que poderíamos desejar a nós mesmos." Crer em Deus é acreditar em Papai Noel, mas na enésima potência, ou antes, na potência infinita. É dar-se um Pai substituto, que nos consolaria do outro ou da sua perda, que seria a Lei verdadeira, o Amor verdadeiro, a Potência verdadeira, que aceitaria enfim nos amar tal como somos, nos saciar, nos salvar... Que se possa desejá-lo, entendo perfeitamente. Mas por que deveríamos crer nele? "A fé salva, logo mente", dizia Nietzsche. Digamos que ela nos é demasiado cômoda para não ser suspeita.

Imagine que eu diga a você: "Procuro para comprar um apartamento de quatro quartos em Paris, atrás do jardim do Luxembourg, com vista permanente para o parque... Quero pagar no máximo uns cem mil francos. Mas tenho fé em que vou conseguir!" Você certamente pensaria: "Ele está delirando; está querendo o impossível..." Evidentemente você teria razão (se bem que isso, a rigor, não prove nada: quem sabe não vou dar com um vendedor maluco?). E quando dizem que Deus existe, que vamos ressuscitar etc., você não acha isso mais incrível do que um apartamento de quatro quartos atrás do jardim do Luxembourg, por menos de cem mil francos? Nesse caso, você tem uma ideia bem apequenada de Deus, ou bem desmesurada do mercado imobiliário.

APRESENTAÇÃO DA FILOSOFIA

A posição do ateu, inversamente, é tanto mais forte porque, quase sempre, ele preferiria estar equivocado. Isso não prova que ele tem razão, mas torna-o menos suspeito de só pensar, como tantos outros, para se consolar ou se tranquilizar...

Paro por aqui. Desejava apenas sugerir alguns argumentos possíveis. Cabe a cada um avaliar a força e os limites deles. Que Deus existe, é uma possibilidade que não se pode excluir racionalmente. É o que faz do ateísmo o que ele é: não um saber, mas uma crença, repitamos, não uma certeza, mas uma aposta.

É também o que deve levar todos nós à tolerância. Ateus e crentes só estão separados pelo que ignoram. Como o que ignoram pode contar mais do que o que conhecem (certa experiência da vida, do amor, da humanidade sofredora e digna, apesar da sua miséria, da humanidade sofredora e corajosa)? É o que chamo de fidelidade, que deve reunir aqueles cuja fé ou cuja não fé respectivas poderiam, de outro modo, opor. Seria uma loucura matar uns aos outros pelo que se ignora. Mais vale combater juntos pelo que conhecemos e reconhecemos: certa ideia do homem e da civilização, certa maneira de habitar o mundo e o mistério (por que há algo em vez de nada?), certa experiência do amor e da compaixão, certa exigência do espírito... É isso que podemos chamar de humanismo, que não é uma religião, mas uma moral. Fidelidade ao homem, e à humanidade do homem.

Isso não substitui nenhum Deus. Isso não suprime nenhum Deus. Mas nenhuma religião e nenhum ateísmo poderiam ser, sem essa fidelidade, humanamente aceitáveis.

9
A arte

> *O que buscamos na arte, como no pensamento, é a verdade.*
>
> Hegel

A arte é um feito do homem. Nem o ninho do pássaro nem seu canto são obras de arte, como tampouco a colmeia ou a dança da abelha. Não é a beleza que faz a diferença. Que pintor figurativo poderia pretender que suas obras são mais belas do que a que a natureza nos oferece, que ele imita sem poder igualar? Que pintor abstrato fará melhor do que o céu ou o oceano? Que escultor, melhor do que a vida ou o vento? E quantos músicos nos agradam menos, infelizmente, do que qualquer rouxinol?

A beleza faz parte das finalidades pelo menos possíveis da arte; mas não basta para defini-la. A natureza também é bela, mais até. Se apenas o homem é artista, não o é primeiramente como artesão (um macaco pode fabricar uma ferramenta), nem como esteta (quem sabe se a pavoa, vendo a cauda do pavão aberta, também não sente uma espécie de prazer estético?), nem mesmo pela união, ainda que única, dessas duas faculdades. Uma obra de arte não é apenas o belo produto de uma atividade, nem todo belo produz uma obra de arte. É preciso outra coisa, que a natureza sem o homem não contém e que nenhum outro animal sem dúvida percebe. O quê? A própria humanidade, na medida em que se interroga sobre o mundo e sobre si, na medida em que busca uma verdade ou um sentido, na medida em que questiona ou interpreta, na medida em que é espírito, se quiserem; digamos, na medida em que só pode representar o que a natureza lhe apresenta se se projetar nela, sobre ela, se tentar se "encontrar" nela, como diz Hegel, o que sempre supõe – já que a natureza não ignora nem responde – que ela a transforma ou a recria. Isso pode ser feito sem a arte. Mas a arte o faz mais e melhor. É que, nela, o espírito é menos divertido por seus objetivos habituais, que são de utilidade, de poder, de eficácia. É que o artista, mesmo quando deseja apenas imitar o mundo, não tem outro modelo – já que o mundo nunca se imita a si mesmo – além dele próprio no processo de imitar. Se bastasse olhar, a pintura seria mais fácil. Mas seria arte? E que modelo, em música, além da própria obra no processo de nascer, além de certa ideia – mas sem conceitos, mas sem discurso – que o artista tem dela? Vejam Rembrandt ou Mozart. Aquela beleza não é deste mundo. Aquela verdade não é deste mundo. Ou só é deste mundo porque é, antes de mais nada, de Mozart ou de Rembrandt. "As coisas da natureza se contentam com *ser*", escreve Hegel, "elas são simples, são apenas uma vez; mas o homem, como consciência, se desdobra: ele é uma vez, mas é *para si mesmo*." É por isso que ele precisa da arte: para "exteriorizar o que é" e encontrar nela "como que um reflexo de si mesmo". Ninguém entre aqui se o mundo sem o homem lhe bastar.

Na arte, a humanidade se contempla contemplando, se interroga interrogando, se reconhece conhecendo. Essa reflexividade, mas encarnada, mas sensível, é a própria arte. "Todas as artes são como espelhos", dizia Alain, "em que o homem conhece e reconhece algo de si mesmo que ignorava." Sem dúvida. Mas não porque o homem, na arte, só veria a si mesmo. É antes porque ele não pode ver coisa nenhuma – a não ser que se perca totalmente – sem logo se reconhecer em seu olhar. O mundo é o verdadeiro espelho em que o homem se busca. A arte não passa de um reflexo em que ele se encontra. Cumpre então imitar a natureza? É apenas uma possibilidade entre outras. A velha problemática grega da *mimese* (imitação), por mais esclarecedora que continue a ser, é ao mesmo tempo parcial e redutora: não poderia valer nem para toda arte nem para toda a arte. A imitação não tem muito lugar na música ou na arquitetura. Toda uma parte da pintura e da escultura contemporâneas eximiu-se de imitar. E que adianta um pintor, um romancista ou um cineasta imitar a realidade se não nos trouxer nada de novo, de agradável ou de forte? Uma obra de arte, dizia Kant, não é a representação de uma coisa bela, mas sim "a bela representação de uma coisa". Vejam *Os sapatos* de Van Gogh, *A raia* de Chardin ou as *Pinturas negras* de Goya... Não se trata de imitar o belo, que não precisa ser imitado, mas de celebrá-lo, quando ele está presente, de criá-lo ou de desvendá-lo, quando não está ou passa despercebido. É o que a fotografia nos lembra hoje. Qualquer foto é uma imitação adequada. Mas quantas fotos são arte? Quanto valem em si? A imitação, muitas vezes, é um meio ou uma exigência da arte. Mas é tão somente um meio, não um fim. Mas é tão somente uma exigência entre outras, muitas vezes vigorosa, decerto, às vezes salutar, mas nem sempre necessária e nunca suficiente. Imitar o belo? É uma estética de cartão-postal. O artista cria, não copia.

Kant nos aproxima um pouco mais do mistério. "As belas-artes são as artes do gênio", escreve. Mas o que é o gênio? "Um talento ou um dom natural que dá à arte suas regras", responde Kant. Pouco importa se essa potência criadora é inata, como quer Kant, ou adquirida – ela é, verossimilmente, uma coisa e outra. O importante, e que dá razão a Kant, é que ela só proporciona regras à arte produzindo "aquilo a que não poderíamos proporcionar nenhuma regra determinada". O gênio é o contrário de um manual de uso, e, no entanto, faz as vezes de um. Ele é irredutível a toda e qualquer regra (é o que distingue a arte da técnica e o gênio da habilidade), mas proporciona regras – ainda que permaneçam sempre implícitas e misteriosas – ao artista e a seus sucessores. O gênio, em arte, é o que não se aprende, mas que ensina. O que não imita, mas que é imitado. É por isso que, como dizia Malraux, "é nos museus que se aprende a pintar": porque é admirando e imitando os mestres que se tem a oportunidade de, quem sabe, tornar-se um deles.

Donde o paradoxo do gênio, que é ser ao mesmo tempo original e exemplar. Original, já que não dá para reduzi--lo a uma regra, uma imitação ou um saber quaisquer. Mas também exemplar, já que a originalidade não basta ("o absurdo também pode ser original", nota Kant: e isso anuncia uma parte da arte do nosso século), já que o gênio tem, além do mais, de servir de modelo ou de referência, o que supõe que suas obras, acrescenta Kant, "sem terem sido geradas pela imitação, devem poder ser propostas à imitação alheia, para servir de medida ou de regra para o juízo". Pode-se fazer qualquer coisa, em arte e em qualquer domínio. Mas qualquer coisa não é arte. Há artistas medíocres, mas não são eles que importam. Somente o gênio faz lei: a arte só se reconhece de verdade nas suas exceções, que são a única regra.

Os grandes artistas são os que misturam a solidão com a universalidade, a subjetividade com a objetividade, a espontaneidade com a disciplina, e talvez seja esse o verdadeiro milagre da arte, que a distingue tanto das técnicas como das ciências. Em todas as civilizações que utilizaram o arco, as flechas tendem a se equilibrar nos dois terços do comprimento. Essa notável convergência técnica não revela, porém, nada da humanidade, salvo sua inteligência, e menos ainda dos indivíduos envolvidos: ela deve tudo ao mundo e às suas leis. É *invenção*, e não *criação*, e pouco importa o sujeito que inventa. Mesmo sem os irmãos Lumière, não há a menor dúvida de que acabaríamos tendo o cinema. Mas sem Godard, nunca teríamos tido *Acossado* nem *O demônio das onze horas*. Sem Gutenberg, mais cedo ou mais tarde, acabaríamos tendo a imprensa. Sem Villon, nem um só verso da *Balada dos enforcados*. Os inventores fazem ganhar tempo. Os artistas fazem perdê-lo, e o salvam.

Isso também vale para as ciências. Imagine que Newton ou Einstein tivessem morrido ao nascer. A história das ciências teria sido outra, é claro, porém muito mais em seu ritmo do que em sua orientação. Nem a gravitação universal nem a equivalência da massa e da energia teriam se perdido: alguém, mais tarde, as teria descoberto, e é por isso que se trata de *descobertas*, de fato, e não, aqui também, de *criações*. Mas se Shakespeare não tivesse existido, se Michelangelo ou Cézanne não tivessem existido, nunca teríamos tido nenhuma das suas obras nem nada que pudesse substituí-las. Não é apenas o ritmo, as personagens ou o desenrolar anedótico da história da arte que teriam sido diferentes, mas seu conteúdo mais essencial e, inclusive, em parte, sua orientação. Suprimamos Bach, Haydn e Beethoven da história da música: quem pode saber o que a música, sem eles, teria sido? O que teria feito Mozart, sem Haydn? Schubert, sem Beethoven? Todos, sem Bach? Os gênios é que fazem a arte avançar, que a constituem, e são tão insubstituíveis depois quanto imprevisíveis antes.

Notemos de passagem que poderíamos dizer a mesma coisa da filosofia. Sem Platão, sem Descartes, sem Kant, sem Nietzsche, ela teria sido – e ainda seria – essencialmente diferente de como a vemos hoje. Isso bastaria para provar que a filosofia não é uma ciência. Será uma arte, por isso? É uma questão de definição. Mas é uma arte pelo menos na medida em que não existiria, ou seria totalmente diferente, sem certo número de gênios singulares, isto é, como na arte, originais e exemplares: são eles que nos servem de medida ou de regra, como diria Kant, para julgar o que uma obra filosófica pode e deve nos oferecer. É a arte da razão, se quiserem, para a qual a verdade, pelo menos a verdade possível, seria uma beleza suficiente.

Mas voltemos às artes propriamente ditas. Costumam-se enumerar tradicionalmente seis, cujo enunciado pode variar (digamos hoje: pintura, escultura, arquitetura, música, dança, literatura), a que se acrescenta faz algum tempo uma "sétima arte", que é o cinema, e até uma oitava, que seriam os quadrinhos. O que têm elas em comum? Em primeiro lugar, essa subjetividade que acabo de evocar, pela qual os gênios podem atingir o universal. Trata-se de exprimir "o insubstituível das nossas vidas", como diz Luc Ferry, e todas essas artes contribuem para tal. Mas elas também coincidem na emoção agradável que nos proporcionam, independentemente de qualquer posse ou utilidade esperada. Quem necessita possuir um Vermeer para desfrutá-lo? Para comover-se com ele? Quem espera de Mozart outra coisa além do prazer – ainda que doloroso – de ouvi-lo? Esse prazer desinteressado é o que podemos chamar, com uma palavra necessariamente vaga, de beleza. Ela não é específica da arte. Mas que valeria a arte sem ela?

A ARTE

É belo, explica Kant, o que é reconhecido sem conceito como objeto de uma satisfação desinteressada, universal e necessária (temos a sensação de que todo o mundo deveria achar belo, de direito, o que julgamos, de fato, assim ser), enfim, que manifesta certa forma de finalidade, sem que nenhum objetivo seja, por isso, representado (percebemos uma finalidade na flor ou na obra, que, no entanto, parecem ser ainda mais belas por não suporem nenhum fim exterior). Eu que não sou kantiano, considero sobretudo que não há beleza sem prazer, e isso é para mim uma finalidade suficiente. É o espírito de Poussin: "O objetivo da arte é o deleite", dizia ele. É o espírito simplesmente, que se regozija com aquilo de que gosta.

Com aquilo de que gosta ou com aquilo que conhece? Ambas as coisas, e é isso que torna a arte mais preciosa. Ela nos ajuda a amar a verdade, pondo em destaque – mesmo quando o objeto evocado é feio ou banal – sua beleza. Duas maçãs, uma cebola, um par de sapatos velhos... Ou algumas notas, algumas palavras... E, de repente, é como se o absoluto mesmo estivesse ali, pendurado na parede ou no silêncio, como que radiante em seu esplendor, em sua eternidade, em sua verdade, enfim, para sempre revelada... "A verdadeira vida", escrevia Proust, "a vida enfim descoberta e esclarecida, a única vida, por conseguinte, realmente vivida é a literatura." Isso não quer dizer que os livros são melhores do que a vida, nem que os escritores vivem mais do que os outros. Quer dizer, antes pelo contrário, que a literatura, como toda arte, nos ajuda a perceber e habitar essa vida verdadeira, que se "encontra a cada instante em todos os homens, tanto quanto no artista", como diz ainda Proust, mas que a maioria deles não enxerga, por falta de atenção, por falta de talento, e que o artista, em sua singularidade, nos revela. A beleza não basta. A verdade não basta. Menos ainda a feiura ou, apesar de Nietzsche, a ilusão. Necessitamos do belo, necessitamos do verdadeiro, porém, ainda mais do seu encontro, da sua fusão, da sua unidade, e é por isso que necessitamos dos artistas: não para embelezar a verdade, o que não passaria de artifício ou de decoração, mas para manifestar ou revelar sua beleza intrínseca, para nos ensinar a enxergá-la, a desfrutá-la e a nos regozijar com ela – a amá-la. Não se trata de fazer bonito, nem de fazer parecido. Trata-se de amar sem mentir – vejam Mozart, vejam Vermeer –, e isso é a arte verdadeira.

"A arte faz a verdade manar", escreve Heidegger. "De um só salto que toma a dianteira, a arte faz surgir, na obra como salvaguarda instauradora, a verdade do ente." Essa verdade não é a das ciências, sempre feita de conceitos, de teorias, de abstrações. A verdade da arte é sempre concreta, ao contrário, sempre prática, sempre silenciosa à sua maneira (mesmo quando ela se exprime por palavras ou sons): é a verdade do ser, na medida em que somos capazes de acolhê-la, é "o ser a descoberto do ente como tal", escreve Heidegger, e isso faz como que uma figura humana, necessariamente humana, do absoluto que nos contém ou que somos. Azar o dos estetas. Azar o dos virtuoses, se não passam disso. A beleza não é tudo. A técnica não é tudo. Antes de ser produção ou habilidade, a arte é, primeiramente, desvendamento, instauração ou aplicação de uma verdade. Ora, que verdade, para o homem, sem linguagem? Que silêncio, inclusive, sem linguagem? É aí que encontramos a poesia, que é a essência da arte em toda arte, e seu ápice: porque "a essência da arte é o poema", como diz mais uma vez Heidegger, e porque "a essência do poema é a instauração da verdade".

A ARTE

Se "o homem habita o mundo como poeta", é graças a esses criadores (dir-se-ia em grego: a esses *poietái*), que nos ensinaram a vê-lo, a conhecê-lo, a celebrá-lo – e também a enfrentá-lo e a transformá-lo –, a desfrutá-lo, mesmo quando é desagradável, a nos regozijar com ele ou a suportá-lo, mesmo quando é triste ou cruel, em poucas palavras, a amá-lo ou a perdoá-lo, já que temos de chegar a tanto, já que essa é a única sabedoria do homem e da obra. É aqui que a estética se encontra com a ética. "De fato, há algo de válido na concepção segundo a qual o belo seria o objetivo da arte", escreve Wittgenstein, "e o belo é justamente o que faz feliz." Não qualquer beleza, porém, nem para qualquer felicidade. A verdade também conta, e muito mais: na arte, só vale a beleza que não mente.

Eu evocava a música sem Bach ou Beethoven, as artes plásticas sem Michelangelo ou Rembrandt, a literatura sem Shakespeare ou Victor Hugo... Mas quem não vê que a humanidade mesma, sem esses artistas incomparáveis – todos eles universais, todos eles singulares –, não seria o que é?

Porque seria menos bela, menos culta, menos feliz? Não só nem sobretudo por isso. Porque seria menos verdadeira e menos humana. A arte é um feito do homem. O homem é um feito da arte.

10

O tempo

Só o presente existe.
CRISIPO

O que é o tempo? "Se ninguém me pergunta, eu sei; mas se me perguntam e eu quiser explicar, então já não sei", confessava Santo Agostinho. O tempo é uma evidência e um mistério: todos o experimentam; ninguém pode apreendê-lo. Porque ele não para de fugir. Se ele parasse um só instante, tudo pararia e já não haveria tempo. Mas é que já não haveria nada. Já não haveria movimento (é preciso haver o tempo para alguém ou algo se mover), e não haveria repouso (é preciso haver o tempo para alguém ou algo ficar imóvel). Sem o tempo, já não haveria presente, logo já não haveria "haver": como poderia haver alguma coisa? O tempo, mostra Kant, é a condição *a priori* de todos os fenômenos. É o mesmo que dizer que ele é a condição, para nós, de tudo.

Aliás, como o tempo poderia parar, se toda parada o supõe? "Ó Tempo! Suspende teu voo!" É o desejo do poeta, comenta Alain, mas "que se destrói pela contradição se perguntarmos: por quanto tempo o Tempo vai suspender seu voo?" De fato, das duas uma: ou o tempo só para *por certo tempo*, e isso quer dizer que ele não parou; ou ele para definitivamente, e as próprias noções de parada ou de fim perdem o sentido. Só há parada em relação a um antes; só há definitivo em relação a um depois. Ora o *antes* e o *depois* supõem o tempo: a ideia de uma parada do tempo, seja ela provisória ou definitiva, só pode ser pensada no tempo. É que o tempo, para nós, é o horizonte do ser, e de todo ser. A eternidade? Se fosse o contrário do tempo, não poderíamos saber nada a seu respeito, nada pensar, nada experimentar. Diderot, passeando numas ruínas, diz consigo: "Tudo se aniquila, tudo perece, tudo passa. Só o mundo fica. Só o tempo dura." É que nada, sem ele, poderia ficar, passar, durar, nem mesmo se aniquilar. Ser é ser no tempo, já que é continuar ou cessar. Mas o que é, então, o tempo, que só passa se ficar, só fica se correr, só se oferece, enfim, na experiência da sua fuga, pela qual nos escapa?

O tempo tem de ser, pois que nada, sem ele, poderia ser. Mas o que é ele?

O que chamamos de tempo é, antes de mais nada, a sucessão do passado, do presente e do futuro. Mas o passado não é, já que não é mais. Nem o futuro, já que ainda não é. Quanto ao presente, parece só pertencer ao tempo – e não à eternidade – na medida em que não para, de instante em instante, de se abolir. Ele só é deixando de ser, escreve Santo Agostinho, e é isso que se chama presente: o desaparecimento do futuro no passado, a dissolução do que ainda não é no que já não é. Entre os dois? A *passagem* de um ao outro, mas inapreensível, mas inconsistente, mas sem duração – já que toda duração, para o espírito, é composta de passado e de futuro, que não são. Uma aniquilação (o presente) entre dois nadas (o futuro, o passado). Uma fuga, entre duas ausências. Um relâmpago, entre duas noites. Como é que isso faria um mundo? Como é que faria uma duração?

Consideremos o momento presente. Você está lendo este pequeno texto sobre o tempo... O que você fazia antes

O TEMPO

é passado e não é nada, ou quase nada, digamos que já não é: só existe na medida em que alguém, no presente, se lembra. Mas essa lembrança não é o passado, nem pode ser: ela é seu vestígio ou sua evocação atuais, que fazem parte do presente. Se sua lembrança fosse princípio, você já não se lembraria: já não seria uma lembrança, mas um esquecimento. O passado só existe para nós no presente: ele só existe, é todo o paradoxo da memória, na medida em que *não é* passado. Um passado de que ninguém se lembrasse não seria nada, então, absolutamente nada? Não é tão simples assim. Porque, afinal de contas, o que já não é continua sendo verdade – eternamente verdade – que foi. Aquela menina que chorava em Auschwitz, porque estava com frio, porque estava com fome, porque tinha medo, aquela menina que foi morta na câmara de gás talvez alguns dias depois, digamos em dezembro de 1942, ninguém mais conhece seu nome nem seu rosto. Faz tanto tempo! Todos os que a conheceram morreram; seu cadáver mesmo desapareceu; como seria possível alguém se lembrar das suas lágrimas? Sim. Mas isso, que aconteceu, continua sendo verdade, e será indefinidamente, ainda que ninguém mais se lembre hoje, ou venha a se lembrar amanhã. Cada uma das suas lágrimas é uma verdade eterna, como diria Spinoza, e não haveria verdade de outro modo. Isso quer dizer que o passado existe apesar de tudo? Não, já que essa verdade é presente, sempre presente: a eternidade não é outra coisa, para o pensamento, senão esse sempre-presente do verdadeiro. Não é o passado que permanece; a verdade é que não passa.

Você acaba de ler as poucas linhas que precedem. Não foi mais do que um pequeno momento do seu presente, que você logo esquecerá. Vai continuar sendo verdade que você as leu? Claro. Mas será verdade também que você as esqueceu... De resto, ainda que você se lembrasse delas para o resto da vida, mesmo assim esses minutos ficaram para trás, definitivamente. Você pode muito bem reler estas páginas amanhã ou daqui a dez anos, mas nunca mais vai reaver esse momento que já não é, o momento da primeira leitura, o de antes. É que o tempo não terá cessado de continuar, de passar, de mudar, e é esse o verdadeiro mistério: o presente se abole sempre (no passado) sem nunca desaparecer (já que continua). Esse mistério é o tempo, que o passado não pode nem conter nem dissipar. Como o passado seria o tempo, se já não é? Como o tempo seria o passado, se ele permanece?

O futuro? Para você, o futuro mais próximo, o mais verossímil, é por exemplo ler as linhas que seguem... Mas isso não é certo, mas ainda não é: um amigo pode interromper, você pode se cansar, pensar em outra coisa, extraviar este livrinho, morrer, nunca se sabe, dentro de um instante... Se o porvir existisse, não seria por vir: seria presente. Ele só é o que é, é esse o paradoxo da espera, com a condição de não ser. Não é do domínio do real; é do possível, do virtual, do imaginário. Você vai ler este capítulo até o fim? Só vai saber quando houver terminado: já não será futuro, mas passado. E até lá? Você só pode ou continuar, ou parar: não é futuro, mas presente. A esperança? A espera? A imaginação? A resolução? Só existem no presente: ou são atuais, ou não são. Amanhã? Ano que vem? Daqui a dez anos? Só é por vir porque ainda não é; só é possível com a condição de não ser real. Você pode pular páginas, ir direto ao fim do livro, andar cada vez mais depressa, pegar trem, avião, foguete... Nem por isso você vai sair do presente, nem do real, nem do tempo. É preciso esperar ou agir, e ninguém pode uma coisa ou outra a não ser aqui e agora. Como o porvir seria o tempo, se ainda não é? Como o tempo seria por vir, se está sempre aqui, se nos precede, se nos acompanha, se nos contém? O tempo passa, mas não é passado. Ele vem, mas não é por vir. Nada passa, nada vem, nada acontece, a não ser o presente.

E esse presente só vem, como presente, no mesmo instante em que se abole: se você tenta capturá-lo, ele já passou. Se o presente permanecesse sempre presente, observa Santo Agostinho, se não fosse ao encontro do passado, "não seria tempo, seria a eternidade". Mas então, continua o autor das *Confissões*, "se o presente, por ser tempo, deve ir ao encontro do passado, como podemos declarar que ele é, se ele só pode ser cessando de ser?". A conclusão assume a forma de um paradoxo: "De modo que o que nos autoriza a afirmar que o tempo é, é que ele tende a já não ser."

A dificuldade talvez seja menos considerável do que parece.

Primeiro porque a objeção de santo Agostinho (se o presente permanecesse presente, não seria tempo, seria a eternidade) supõe que tempo e eternidade são incompatíveis, o que não foi demonstrado e não é ponto pacífico.

Em seguida porque nada prova que o presente encontre o passado, nem mesmo que isso seja concebível. Onde poderia encontrá-lo, se o passado não é? E como, se só se pode encontrar algo no presente?

Enfim, e sobretudo, a análise de Santo Agostinho, até então exemplar, parece afastar-se aqui da nossa experiência. Quem já viu o presente cessar? Ele muda? Claro! Mas só pode mudar com a condição de permanecer. O que era presente já não é? Com certeza! Mas o presente ainda o é. Você já viveu outra coisa? Desde que nasceu, já viveu um só segundo de passado? Um milésimo de segundo de futuro?

Já viveu um só instante que não fosse presente, um só dia que não fosse um *hoje*? E que sentido há em dizer que o presente "cessa de ser", se o que quer que for só pode cessar com a condição de o presente não cessar? De minha parte, em todo caso, tenho certeza de nunca ter visto o presente desaparecer, mas sempre continuar, durar, persistir. Pensando bem, o presente é, aliás, a única coisa que nunca me faltou. Faltou-me dinheiro, muitas vezes, faltou-me amor, às vezes, saúde, coragem... Mas presente, não. Faltou-me tempo? Como a todo o mundo. Mas o tempo que me faltava era quase sempre o futuro (é o que se chama urgência: quando já não se tem tempo *diante de si*), às vezes o passado (o que se chama saudade: a falta, atrás de nós, do que foi), nunca o presente: ele estava sempre presente, sozinho e por inteiro!

Aliás, como poderia nos faltar aquilo que toda falta supõe? Como poderíamos ver *cessar de ser* o que toda vista, toda cessação e todo ser requerem?

O presente não cessa nunca, nem começa. Não só ele não vem do porvir como não se abole no passado: ele permanece e muda, ele dura e se transforma – e só pode mudar ou se transformar porque dura e permanece. "A duração", dizia Spinoza, "é uma continuação indefinida da existência." É o próprio tempo: a presença continuada, e sempre mutável, do ser. É preciso, portanto, inverter a fórmula de Santo Agostinho. "O que nos autoriza a afirmar que o tempo é", escrevia ele, "é que ele tende a já não ser." O contrário é que me parece verdade: a única coisa que nos autoriza a afirmar que o tempo é, é que ele não cessa de se manter.

Dirão que, nesse caso, tempo e eternidade são a mesma coisa. Por que não? Mas voltaremos a esse ponto para concluir.

O TEMPO

O passado já não é, o futuro ainda não é: só há o presente, que é o único tempo real. Todavia, não é assim que o vivemos. Só tomamos consciência do tempo, ao contrário, porque nos lembramos do passado, porque antecipamos o futuro, porque apreendemos, pelo espírito ou por nossos relógios, o que os separa... Por nossos relógios? Mas esses ponteiros que se mexem nada mais são do que um pedaço do presente: não é tempo, dizia Bergson, é espaço. Somente o espírito, que se lembra da posição passada deles, que antecipa sua posição por vir, pode ler uma duração neles. Suprima o espírito e só restará um presente sem passado nem futuro: só restará a posição atual dos ponteiros, só restará o espaço. Mas o espírito está aí, já que a memória está aí – já que está aí o corpo, que se lembra do passado, do presente e até (pense em nossos encontros, em nossos projetos, em nossas promessas...) do futuro. Já não é espaço; é duração. Já não é movimento; é consciência. Já não é instante; é intervalo. É por isso que podemos medir o tempo (tente medir o presente!), é por isso que o tempo, para nós, se opõe à eternidade (que seria um puro presente, sem passado nem futuro), em poucas palavras, é por isso que somos/estamos no tempo (e não apenas no presente) – a não ser que o tempo, quem sabe, é que seja/esteja em nós...

Por que essa hesitação? Porque esse tempo, que medimos ou imaginamos, é composto, principalmente, de passado e de futuro, os quais só têm existência para o espírito: como saber se não é assim também no caso do próprio tempo? Essa questão, que é a da objetividade ou da subjetividade do tempo, é filosoficamente importante. O tempo faz parte do mundo, da natureza, da realidade em si? Ou só existe para nós, para nossa consciência, só existe subjetivamente? Notem que ambas as teses, com todo rigor, não se excluem. Pode ser que uma e outra sejam verdadeiras, cada qual de seu ponto de vista, em outras palavras, que haja dois tempos diferentes, ou duas maneiras diferentes de pensar o tempo: de um lado, o tempo objetivo, o tempo do mundo ou da natureza, que não passa de um perpétuo *agora*, como dizia Hegel, como tal sempre indivisível (tente dividir o presente!); e, por outro lado, o tempo da consciência ou da alma, que não passa da soma – em e para o espírito – de um passado e de um futuro. Podemos chamar o primeiro de *duração*, o segundo de *tempo*. Mas com a condição de não esquecer que se trata, na verdade, de uma só e mesma coisa, considerada de dois pontos de vista diferentes: que o tempo não passa da medida humana da duração. "Para determinar a duração", escreve Spinoza, "nós a comparamos à duração das coisas que têm um movimento invariável e determinado, e essa comparação se chama tempo." Mas nenhuma comparação faz um ser. É o que proíbe de confundir duração e tempo, mas também de distingui-los absolutamente, como se existissem ao mesmo título. Não é assim. A duração faz parte do real, ou antes, ela é o próprio real: é a continuação indefinida da sua existência. O tempo não passa de um ser de razão: é nossa maneira de pensar ou de medir a indivisível e incomensurável duração de tudo.

A duração pertence ao ser; o tempo, nesse sentido, ao sujeito. Este último tempo, o tempo vivido, o tempo subjetivo (o único que possibilita *medir* o tempo objetivo: só existe relógio para uma consciência), é o que os filósofos do século XX costumam chamar de *temporalidade*. É uma dimensão da consciência, muito mais do que do mundo. Uma distensão da alma, como também dizia Santo Agostinho, muito mais do que do ser. Uma forma *a priori* da sensível, como diria Kant, muito mais do que uma realidade objetiva

O TEMPO

ou em si. Um dado do sujeito, muito mais do que do objeto. Mas o fato de só podermos experimentar o tempo através da subjetividade, o que podemos conceder a Kant ou a Husserl, não prova que ele se reduza a ela, nem é, parece-me, verossímil. Porque se o tempo só existisse para nós, como teríamos podido advir no tempo? Que realidade conceder a esses bilhões de anos que só se apresentam à consciência (graças a nossos físicos, geólogos, paleontólogos e outros) *retrospectivamente*, como o tempo de antes de nós, o tempo de antes da consciência, que a precedeu tanto mais que, sem ele, não teria podido emergir? Entre o *big bang* e o aparecimento da vida, como é que o tempo, se ele só existe para nós, fazia para passar? E como, se não passava, a natureza pôde evoluir, mudar, criar? Se o tempo fosse tão somente subjetivo, como é que a subjetividade teria podido aparecer no tempo?

Consideremos um lapso de tempo qualquer, digamos este dia que vivemos. Uma parte é passado, outra é por vir... Quanto ao presente que as separa, não passa de um instante sem duração (se ele durasse, seria composto de passado e futuro), que não é tempo. Se vivemos isso como tempo, é que nossa consciência retém o que já não é, antecipa o que ainda não é, em suma, faz existir num mesmo presente – o presente vivido – o que, na realidade, não seria capaz de existir junto. É por isso que, como notou Marcel Conche, a temporalidade só nos possibilita apreender o tempo por ser, antes de mais nada, sua negação: o homem resiste ao tempo (já que se lembra, já que antecipa); é por isso que toma consciência dele. O espírito sempre nega, e é isso o próprio espírito, que é memória, imaginação, obstinação, vontade... Mas só se resiste ao tempo no tempo. Mas a memória, a imaginação, a obstinação ou a vontade só existem no presente. Mas o espírito só existe no mundo ou no corpo, e é isso que se chama existir. Como poderíamos vencer o tempo, se só o podemos combater com a condição de, primeiro, lhe pertencer?

O tempo, sempre, é o mais forte: porque está sempre aí, porque sempre há tempo, porque o presente é o único "há" do ser, em que tudo passa e que não passa. É por isso que se envelhece, e é por isso que se morre. Ronsard, em dois versos, disse o essencial:

"O tempo se vai, o tempo se vai, Senhora...
Ai! o tempo não, nós sim nos vamos!"

Mais um motivo para aproveitar da juventude e da vida. Mas como?
Viver no presente? Tem de ser, já que só isso nos é dado. Viver no instante? De jeito nenhum! Seria renunciar à memória, à imaginação, à vontade – ao espírito e a si. Como pensar sem nos lembrar das nossas ideias? Amar, sem nos lembrar de quem amamos? Agir, sem nos lembrar dos nossos desejos, dos nossos projetos, dos nossos sonhos? Se você estuda ou paga um plano de aposentadoria, é para preparar seu futuro, e você está certo. Mas é no presente que você estuda ou paga, não no futuro! Se você cumpre suas promessas, é porque, antes de mais nada, você se lembra delas, e tem de lembrar. Mas é no presente que você as cumpre, não no passado! Viver no presente não é amputar sua memória ou sua vontade, já que elas fazem parte dele. Não é viver no instante, já que é durar, já que é persistir, já que é crescer ou envelhecer. Nenhum instante é uma morada para o homem, apenas o presente, que dura e muda, apenas o espírito, que imagina e se lembra. Que esse espírito só exista no presente – no

cérebro –, é verossímil. Somos do mundo, é o que se chama corpo, somos *no* mundo, é o que se chama espírito, e ambos, a meu ver, são uma só e mesma coisa. Mas o mundo não tem espírito. Mas o espírito não é o mundo. É por isso que o esquecimento sempre ameaça, e a morte, e o cansaço, e a tolice, e o nada. Existir é resistir; pensar é criar; viver é agir. Tudo isso só é possível no presente – já que não há nada além dele –, a que nada sucede, salvo outro presente. Quem poderia viver no passado ou no futuro? Só já não sendo, ou ainda não sendo. Viver no presente, como diziam os estoicos, como dizem todos os sábios, não é um sonho, não é um ideal, não é uma utopia: é a simplíssima e dificílima verdade de viver. A eternidade? Se ela é "um perpétuo hoje", como queria Santo Agostinho, é inútil esperá-la amanhã. Se ela é "um eterno presente", como ele também dizia, é o próprio presente: não é o contrário do tempo, mas sua verdade, que é a de ser sempre presente, de fato, sempre atual, sempre em ato. "Sentimos e experimentamos que somos eternos", lê-se na *Ética* de Spinoza. Isso não quer dizer que não morreremos, nem que não somos/estamos no tempo. Quer dizer que a morte não nos tomará nada (já que só nos tomará o futuro, que não é), que o tempo não nos toma nada (já que o presente é tudo), enfim que é absurdo esperar a eternidade – pois já estamos nela. "Se entendermos por eternidade não uma duração infinita, mas a atemporalidade", dizia por sua vez Wittgenstein, "então tem a vida eterna quem vive no presente." Portanto todos nós a temos, sempre: já estamos salvos. Porque somos atemporais? Não é a palavra que eu utilizaria. Mas porque a eternidade nada mais é, em sua verdade, do que o sempre-presente do real e do verdadeiro. Quem já viveu um só *ontem*? Um só *amanhã*? Só vivemos *hojes*, e é isso que se chama viver.

A Relatividade não muda nada nisso. O fato de que o tempo depende da velocidade e da matéria, como sabemos desde Einstein, não faz ser o que já não é, nem o que ainda não é. "O que o pensamento de Einstein taxa de relatividade", nota Bachelard, "é o *lapso* de tempo, é o comprimento do tempo." Não é o presente mesmo. É o que confirma o célebre exemplo dos "gêmeos de Langevin". É uma experiência de pensamento, mas que os cálculos e a experimentação (no nível das partículas elementares) confirmam. Dois irmãos gêmeos, um dos quais fica na Terra enquanto o outro faz uma viagem intersideral numa velocidade próxima da velocidade da luz, já não terão a mesma idade quando o primeiro regressar: o astronauta só terá envelhecido alguns meses, o sedentário, vários anos... Do que se conclui, e sem dúvida com razão, que o tempo varia em função da velocidade, que não há um tempo universal e absoluto, como acreditava Newton, e sim tempos relativos ou elásticos, capazes de se dilatar mais ou menos, em função da velocidade... Faça-se constar. Mas isso não faria existir nem o passado nem o futuro. Mas nenhum dos dois gêmeos terá deixado o presente um só instante. É por isso que, como diz ainda Bachelard, "o instante, bem preciso, permanece, na doutrina de Einstein, um absoluto". É um ponto do espaço-tempo: "*hic et nunc*; não aqui e amanhã, não lá e hoje", mas *aqui e agora*. É o próprio presente, ou antes, *os* presentes. Todos são diferentes, todos são mutáveis, mas também todos são atuais. É o que se chama universo, que não é nem no tempo nem no espaço: porque é o espaço-tempo e sua única realidade.

Como poderíamos sair do presente, se ele é tudo? Por que querer sair, se o próprio espírito pertence a ele? Veja este capítulo que acaba: ele ficou quase todo para trás, como um passado que já se apaga. Mas você não o leu e nunca o lerá a não ser no presente, como eu o escrevi no presente. O mesmo vale para a sua vida, e isso é muito mais importante. Ela não está escondida no futuro, como um destino ou uma fera ameaçadores. Nem oculta no céu, como um paraíso ou uma promessa. Nem encerrada no seu passado, leitor, como num porão ou numa prisão. Ela está aqui e agora: ela é o que você vive e faz. No cerne do ser. No cerne do presente. No cerne de tudo – no grande vento do real e do viver. Nada está escrito. Nada está prometido. Se somente o presente existe, como diziam os estoicos, somente os atos são reais. Sonhar, fantasiar, imaginar? Ainda é agir, já que é viver, mas *a minima*. Você cometeria um erro proibindo-se de fazê--lo, e um erro maior ainda se se contentasse com isso. Pegue a vida nas mãos: seja presente à presença! "O maior obstáculo à vida", escreve Sêneca, "é a espera. Tudo o que acontecerá mais tarde é do domínio do incerto: viva desde já."

Carpe diem (colha o dia)? Não basta, já que os dias passam, já que nenhum dia permanece. Colha, ao contrário, o presente, que muda e continua: *Carpe æternitatem*.

Viver no instante? De maneira nenhuma. Como você poderia, no instante, preparar-se para um exame ou para as férias, cumprir suas promessas, construir uma amizade ou um amor? Viver no presente? É o único caminho. Como você poderia trabalhar, se divertir, agir ou amar no futuro?

O presente é o único lugar da ação, o único lugar do pensamento, o único lugar, inclusive, da memória e da espera. É o *kairos* do mundo (o instante propício, o momento oportuno: o da ação), ou o mundo como *kairos* – o real em ato.

Não é porque o ser é no tempo que ele dura; é porque ele dura que há tempo.

Viver no presente? É simplesmente viver em verdade. Já estamos no Reino: a eternidade é agora.

11

O homem

O homem é uma coisa sagrada para o homem.

SÊNECA

O que é um homem? Respostas é que não faltam na história da filosofia. É o homem um animal político, como queria Aristóteles? Um animal falante, como também ele dizia? Um animal de duas patas sem penas, como afirmava com graça Platão? Um animal razoável, como pensavam os estoicos, depois os escolásticos? Um ser que ri (Rabelais), que pensa (Descartes), que julga (Kant), que trabalha (Marx), que cria (Bergson)?

Nenhuma dessas respostas, nem a soma delas, me parece totalmente satisfatória. Primeiro porque são, quanto à extensão, possivelmente largas demais e certamente restritas demais. Uma boa definição deve valer para todo o definido, e somente para ele. Não é o caso destas, tão famosas, porém, que acabo de evocar. Imaginemos que se prove a existência, nos golfinhos ou em algum extraterrestre, de uma linguagem, de uma organização política, de um pensamento, de um trabalho etc. Isso não faria do golfinho ou do extraterrestre um homem, como tampouco transformaria o homem em cetáceo ou marciano. E que dizer dos anjos e do seu riso possível?

Definições amplas demais, portanto, já que não valem *apenas* para o definido: um ser pode viver em sociedade, falar, pensar, julgar, rir, produzir seus meios de existência... sem, por isso, fazer parte da humanidade.

Mas as mesmas definições também são estreitas demais, já que não valem para *todo* o definido: o débil mental profundo não fala, não raciocina, não ri, não julga, não trabalha, não faz política... Nem por isso deixa de ser *homem*. Vive em sociedade? Também não, e talvez menos do que alguns dos nossos animais domésticos. Quem, no entanto, admitiria que fosse tratado como um bicho, mesmo que como um bicho bem tratado? Quem iria querer pô-lo num zoológico? Vão me dizer que, às vezes, fez-se bem pior, o que todos sabemos. Mas que filósofo julgaria isso aceitável?

Se o golfinho ou o extraterrestre, mesmo que sejam inteligentes, não são homens, e se o débil mental profundo é (como vocês devem ter compreendido, é principalmente este último ponto que importa), forçoso é concluir que nossas definições funcionais ou normativas não são corretas: um homem continua sendo homem mesmo quando cessa de *funcionar* normalmente. O que significa que nem as funções nem as normas poderiam valer como definição. A humanidade não se define pelo que faz ou sabe fazer. Pelo que é? Sem dúvida. Mas o que é ela? Nem a razão, nem a política, nem o riso, nem o trabalho, nem uma faculdade qualquer são característica distintiva do homem. O homem não tem característica distintiva, em todo caso nenhuma característica distintiva basta para defini-lo.

Foi o que Diderot compreendeu. No verbete "Homem" da *Enciclopédia*, ele esboça uma definição: "É um ser senciente, reflexivo, pensante, que passeia livremente pela superfície da terra, que parece estar à frente de todos os outros animais que ele domina, que vive em sociedade, que inventou ciências e artes, que tem uma bondade e uma maldade

O HOMEM

que lhe são próprias, que criou senhores para si, que fez leis para si etc." Essa definição tem as mesmas qualidades e as mesmas fraquezas que aquelas de que partimos. Mas Diderot sabe disso. E o fim da sua definição dá como que um sorriso, que a ilumina e anula: "Esta palavra só tem significação precisa se nos lembrar tudo o que somos; mas o que somos não pode ser compreendido numa definição." Como falar dos direitos humanos, porém, se não se sabe de que – ou de quem – se fala? Faz-se necessário pelo menos um critério, um sinal distintivo, uma marca de pertinência, o que Aristóteles chamaria de uma diferença específica. Qual? A própria espécie, à qual pertencemos. Antes de mais nada, a humanidade não é um desempenho, que dependeria dos seus sucessos. Ela é um dado, que se reconhece até em seus fracassos. Aqui precisamos voltar à biologia. Não para encontrar outras características definidoras, que seriam igualmente discutíveis: a posição ereta, o polegar oponível aos outros dedos, o peso do cérebro ou a interfecundidade também têm, no seio da humanidade, suas exceções. Se é necessário voltar à biologia, não é essencialmente para definir um conceito, mas para reatar com a experiência, que é a experiência da humanidade sexuada, da concepção, da gestação, do parto – dos corpos. Todos nascidos de uma mulher: todos gerados, e não criados. Tanto o débil mental quanto o gênio. Tanto o homem de bem quanto o crápula. Tanto o velho como a criança. E isso extraterrestre algum, anjo algum, jamais poderá pretender. A humanidade é antes de mais nada certa espécie animal. Seria um erro se o lamentássemos: não só por causa dos prazeres que isso nos proporciona, e que são vivos, mas porque seria lamentar a única coisa que nos permite existir. Somos mamíferos, lembra Edgar Morin, fazemos

APRESENTAÇÃO DA FILOSOFIA

parte "da ordem dos primatas, da família dos hominídeos, do gênero *homo*, da espécie *sapiens*...". Essa pertinência desemboca em outra definição mais genérica. É a que forjei para meu uso pessoal e que sempre me bastou: *é um ser humano todo ser nascido de dois seres humanos*. Biologismo estrito, e precavido. Fale ou não fale, pense ou não pense, seja ou não capaz de socialização, de criação ou de trabalho, todo ser que cabe nessa definição tem os mesmos direitos que nós (mesmo se, de fato, não os pode exercer), ou antes, mas dá na mesma, temos os mesmos deveres para com ele. A humanidade é um fato antes de ser um valor, uma espécie antes de ser uma virtude. E, se pode vir a ser valor ou virtude (no sentido em que a humanidade é o contrário da desumanidade), é, antes de tudo, por fidelidade a esse fato e a essa espécie. "Cada homem traz a forma inteira da humana condição", dizia Montaigne. Disso, nem o pior de nós escapa. Há homens desumanos à força de crueldade, de selvageria, de barbárie. Mas seria ser tão desumano quanto eles contestar sua pertinência à humanidade. Nascemos homens; tornamo-nos humanos. Mas quem não consegue se tornar, nem por isso deixa de ser homem. A humanidade é recebida, antes de ser criada ou criadora. Natural, antes de ser cultural. Não é uma essência, é uma filiação: homem, porque filho de homem.

Isso levanta a questão da clonagem, da eugenia, de uma eventual fabricação artificial do homem – ou do super-homem. E é, para mim, uma razão forte para rejeitá-las. Se a humanidade se define antes pela filiação do que por sua essência, antes pela geração do que pelo espírito, enfim, antes por nossos deveres em relação a ela do que por suas funções ou desempenhos, há que fincar pé tanto nessa filiação

O HOMEM

quanto nessa geração e nesses deveres. A humanidade não é um jogo; é o que está em jogo. Não é, antes de tudo, uma criação, mas uma transmissão. Não é uma invenção, mas uma fidelidade. Não passa pela cabeça de ninguém condenar o fato de podermos utilizar os formidáveis progressos da genética para proporcionar a todo ser humano, na medida do possível, a plenitude da sua humanidade (é o que se chama de terapia gênica). Mas isso não é um motivo para querer transformar a própria humanidade, nem que seja para melhorá-la. A medicina combate as doenças; mas a humanidade não é uma doença, o que significa que não poderia depender legitimamente da medicina.

Superar o homem? Seria traí-lo ou perdê-lo. Todo ser tende a perseverar em seu ser, dizia Spinoza, e o ser de um homem é destruído tanto se ele se metamorfosear em anjo como em cavalo... Eugenia e barbárie coincidem. Curar um indivíduo, sim, e nunca seria demais tentá-lo. Modificar a espécie humana, não. Sei que a fronteira entre as duas coisas, em se tratando das terapias gênicas, é tênue ou problemática. Mais um motivo para refletir sobre esse assunto, e para estar atentos. O homem não é Deus: só continuará plenamente humano se aceitar não ser nem a sua causa nem a sua ruína.

O fato de a humanidade ser, antes de mais nada, uma espécie animal levanta também, e sobretudo, a questão do humanismo. A palavra pode ser tomada em dois sentidos. Há um humanismo prático ou moral, que consiste simplesmente em atribuir certo valor à humanidade, em outras palavras, a impor a si certo número de deveres e de proibições em relação a todo ser humano. É o que hoje se chama de direitos humanos, ou antes, seu arraigamento filosófico: se os homens têm direitos, é, antes de mais nada, porque temos deveres, todos nós, uns para com os outros. Não matar, não torturar, não oprimir, não subjugar, não estuprar, não roubar, não humilhar, não caluniar... Esse humanismo é uma moral antes de ser uma política, e é quase sempre a moral dos nossos contemporâneos. Por que já não consideramos a masturbação ou a homossexualidade coisas condenáveis? Porque não fazem mal a ninguém. Por que continuamos a condenar, e mais do que nunca, o estupro, o proxenetismo, a pedofilia? Porque esses comportamentos supõem ou acarretam a violência, a subjugação do outro, sua exploração, sua opressão, em suma, porque violam seus direitos, sua integridade, sua liberdade, sua dignidade... Isso esclarece o bastante o que a moral se tornou em nossas sociedades leigas. Não mais a submissão a uma proibição absoluta ou transcendente, mas a consideração dos interesses da humanidade, antes de mais nada do outro homem ou da outra mulher. Não mais um apêndice da religião, mas o essencial, cá estamos nós outra vez, do humanismo prático. Por que "prático"? Porque ele diz respeito mais à ação (*praxis*) do que ao pensamento ou à contemplação (*theoría*). O que está em jogo não é o que sabemos ou cremos da humanidade, mas o que *queremos* para ela. Se o homem é sagrado para o homem, como já dizia Sêneca, não é porque seria Deus, nem porque um Deus assim ordena. É porque ele é homem, e isso basta.

Humanismo prático, portanto: o humanismo como moral. É agir humanamente, e pela humanidade.

Mas há outro humanismo, que podemos chamar de teórico ou transcendental. De que se trata? De certo pensamento, de certa crença, de certo conhecimento, ou que se pretende tal: é o que saberíamos, ou o que deveríamos crer, do homem e do seu valor, e que viria fundar nossos deveres em

O HOMEM

relação a ele... Esse humanismo tropeça no saber que ele próprio reivindica. Porque o que sabemos do homem é, antes de mais nada, que ele é capaz do pior, vejam Auschwitz, e, com maior frequência, é mais capaz do medíocre do que do melhor. Depois, vejam Darwin, é que ele não escolheu ser o que é (que ele é mais resultado do que princípio). Enfim, é que ele não é Deus, já que tem um corpo (que o impede de ser onipotente, perfeito ou imortal), uma história, primeiro natural depois cultural, enfim, uma sociedade e um inconsciente que o governam muito mais, infelizmente, do que ele os governa. É aí que as ciências humanas – vejam Freud, Marx, Durkheim... – aparecem para subverter a ideia que temos de nós mesmos: o anti-humanismo teórico deles, como dizia Althusser, nos veda crer no homem como críamos em Deus, em outras palavras, nos veda transformá-lo em fundamento do seu ser, dos seus pensamentos ou dos seus atos. "O objetivo final das ciências humanas", escreve por exemplo Lévi-Strauss, "não é constituir o homem, mas dissolvê-lo", o que supõe que se reintegre "a cultura na natureza, e, finalmente, a vida no conjunto das suas condições físico-químicas". O homem não é causa de si, nem essencialmente senhor de si, nem, menos ainda, transparente a si mesmo. Ele é o resultado de certa história que o atravessa e o constitui sem que ele saiba. Ele só é o que faz porque é, antes de tudo, o que o faz (seu corpo, seu passado, sua educação...). Se o homem "é condenado a cada instante a inventar o homem", como dizia Sartre, não o faz a partir de nada. A humanidade não é uma página em branco, nem pura criação de si por si. É uma história, é um determinismo, ou vários, é uma aventura.

"O homem não é um império no império", já dizia Spinoza: ele faz parte da natureza, cuja ordem ele segue (inclusive quando parece violá-la ou devastá-la), ele faz parte da história, que ele faz e que o faz, ele faz parte de uma sociedade, de uma época, de uma civilização... O fato de ele ser capaz do pior é fácil de explicar. É um animal que vai morrer, e que sabe que vai, que tem mais pulsões do que instintos, mais paixões do que razões, mais fantasmas do que pensamentos, mais cóleras do que luzes... Edgar Morin tem uma bela fórmula: "*Homo sapiens, homo demens.*" Tanta violência nele, tantos desejos, tantos medos! Sempre temos razão de nos proteger dele, e é essa a única maneira de servi-lo.

"Deploro a sorte da humanidade", escrevia La Mettrie, "de estar, por assim dizer, em mãos tão ruins como as dela." Mas não há outras: nossa solidão também comanda nossos deveres. O que as ciências humanas nos ensinam sobre nós mesmos, e que é precioso, não poderia fazer as vezes de moral. O que *sabemos* do homem não diz nada, ou quase nada, sobre o que *queremos* que ele seja. O fato de o egoísmo, a violência ou a crueldade serem cientificamente explicáveis (por que não seriam, se são reais?) não nos ensina nada sobre seu valor. O amor, a doçura ou a compaixão também são explicáveis, pois que existem, e valem mais. Em nome de quê? Em nome de certa ideia do homem, como dizia Spinoza, que seja "como um modelo da natureza humana, posto diante dos nossos olhos". Conhecer não é julgar, e não exime de julgar. O anti-humanismo teórico das ciências humanas, longe de depreciar o humanismo prático, é o que lhe dá sua urgência e seu estatuto. Não é uma religião, é uma moral. Não é uma crença, é uma vontade. Não é uma teoria, é um combate. É o combate pelos direitos humanos, e o primeiro dever de cada um de nós.

A humanidade não é uma essência, que seria necessário contemplar, nem um absoluto, que seria necessário venerar, nem um Deus, que seria necessário adorar: ela é uma espécie, que é necessário preservar, uma história, que é necessário conhecer, um conjunto de indivíduos, que é necessário reconhecer, enfim, um valor, que é necessário defender. Trata-se, dizia eu a propósito da moral, de não ser indigno do que a humanidade fez de si, e de nós. É o que chamo de fidelidade, que me importa mais do que a fé.

Crer no homem? Melhor é conhecê-lo tal como ele é, e desconfiar dele. Mas isso não nos exime de permanecer fiéis ao que os homens e as mulheres fizeram de melhor – a civilização, o espírito, a humanidade mesma –, ao que deles recebemos, ao que queremos transmitir, em suma, a certa ideia do homem, de fato, mas que deve menos ao conhecimento do que ao reconhecimento, menos às ciências do que às *humanidades*, como se dizia antigamente, enfim, menos à religião do que à moral e à história. Humanismo prático, repitamos, muito mais do que humanismo teórico: o único humanismo que vale é agir humanamente. O homem não é Deus. Cabe a nós fazer que seja pelo menos humano.

Montaigne, no fim da *Apologia de Raymond Sebond*, lembra-se de uma frase de Sêneca: "Que coisa vil e abjeta é o homem, se não se eleva acima da humanidade!" E acrescenta este comentário: "Eis aí uma boa palavra e um útil desejo, mas igualmente absurdo. Porque fazer o punhado maior do que o punho, a braçada maior do que o braço e esperar dar uma passada maior do que a extensão das nossas pernas é impossível e monstruoso. Nem que o homem suba acima de si e da humanidade." Resta fazer que ele não desça abaixo, e isso nunca é garantido.

Humanismo sem ilusões, e de salvaguarda. O homem não morreu: nem como espécie, nem como ideia, nem como ideal. Mas é mortal; o que é mais uma razão para defendê-lo.

12
A sabedoria

Ainda que pudéssemos ser sapientes do saber alheio, pelo menos sábios só podemos ser da nossa própria sabedoria.

MONTAIGNE

A etimologia é bem clara: *philosophía*, em grego, é o amor ou a busca da sabedoria. Mas o que é sabedoria? Um saber? É o sentido ordinário da palavra, tanto entre os gregos (*sophia*) como entre os latinos (*sapientia*), e é o que a maioria dos filósofos, desde Heráclito, não parou de confirmar. Para Platão como para Spinoza, para os estoicos como para Descartes ou Kant, para Epicuro como para Montaigne ou Alain, a sabedoria tem de fato muito a ver com o pensamento, com a inteligência, com o conhecimento, em suma, com certo *saber*. Mas é um saber muito particular, que nenhuma ciência expõe, que nenhuma determinação valida, que nenhum laboratório poderia testar ou atestar, enfim, que nenhum diploma sanciona. É que não se trata de teoria, mas de prática. Não de provas, mas de provações. Não de experimentações, mas de exercícios. Não de ciência, mas de vida.

Os gregos às vezes opunham a sabedoria teórica ou contemplativa (*sophia*) à sabedoria prática (*phronesis*). Mas uma é inseparável da outra, ou antes, a verdadeira sabedoria seria a conjunção das duas. É o que dá razão à língua francesa, que não as distingue. "Julgar bem para fazer bem", dizia Descartes, e é isso a própria sabedoria. Que uns sejam mais dotados para a contemplação e outros para a ação, é verossímil. Mas nenhum dom basta para a sabedoria: estes terão de aprender a ver, aqueles a querer. A inteligência não basta. A cultura não basta. A habilidade não basta. "A sabedoria não pode ser nem uma ciência nem uma técnica", sublinhava Aristóteles: ela tem por objeto menos o que é verdadeiro ou eficaz do que o que é bom, para si e para os outros. Um saber? Claro. Mas é um saber viver.

É o que distingue a sabedoria da filosofia, que seria antes um saber pensar. Mas a filosofia só tem sentido na medida em que nos aproxima da sabedoria: trata-se de pensar melhor para viver melhor, e somente isso é filosofar de verdade. "A filosofia é aquela que nos instrui para viver", escreve Montaigne. Quer dizer, então, que não sabemos? Claro: é por não sermos sábios que necessitamos de filosofar! A sabedoria é a meta; a filosofia, o caminho.

Faz-nos pensar em Aragon: "Quando se aprende a viver já é tarde demais..." Uma ideia próxima se encontrava em Montaigne ("Ensinam-nos a viver quando a vida já passou"), porém mais tônica: é que o autor dos *Ensaios* via aí menos uma fatalidade da condição humana do que um erro de educação, que se podia e se devia corrigir. Por que esperar para filosofar, se a vida não espera? "Cem escolares pegaram sífilis", escreve maliciosamente Montaigne, "antes de terem chegado à lição de Aristóteles, da temperança..." A sífilis é do domínio da filosofia? Claro que não, quanto a seus remédios ou à sua prevenção. Mas a sexualidade sim, e a prudência, e o prazer, e o amor, e a morte... Como a medicina ou a profilaxia poderiam bastar? Como poderiam fazer as vezes de sabedoria? "Tu não morres porque estás doente, morres porque estás vivo", lê-se em outra passagem dos *Ensaios*. Portanto, é preciso aprender a morrer, aprender a viver, e isso é a própria filosofia. "É um grande erro", continua Montaigne, "pintá-la inacessível às crianças, e com uma fisionomia carrancuda, carregada e terrível. Quem a mascarou com essa falsa fisionomia, pálida e hedionda? Não há nada mais alegre, mais galhofeiro, mais divertido, e por pouco não digo pândego." Azar dos que confundem filosofia e erudição, rigor e chatice, sabedoria e poeira. Se a vida é assim tão difícil, frágil, perigosa, preciosa, como de fato é, é mais uma razão para filosofar o mais cedo possível ("a infância encontra nela sua lição, como as outras idades"), em outras palavras, para aprender a viver, na medida do possível, *antes* que seja tarde demais.

É para isso que serve a filosofia, e é por isso que ela pode servir a qualquer idade, pelo menos a partir do momento em que a criança tem um bom domínio do pensamento e da linguagem. Por que as crianças que fazem matemática, física, história, solfejo seriam proibidas de fazer filosofia? Esses estudantes que se preparam para ser médicos ou engenheiros, por que não fariam também? E esses adultos mergulhados em seus trabalhos ou em suas preocupações, quando arranjarão tempo de voltar-se para ela ou de voltar a ela? Que é preciso ganhar a vida, está claro; mas isso não exime de vivê-la. Como fazê-lo de uma maneira inteligente sem se dar ao tempo de refletir, sozinho ou acompanhado, sem se interrogar, sem raciocinar, sem argumentar, da maneira mais radical e mais rigorosa possível, enfim, sem se preocupar com o que outros, mais preparados ou mais talentosos do que a média, pensaram? Eu citava, a propósito da arte, a observação de Malraux: "É nos museus que se aprende a pintar." É nos livros de filosofia, diria eu igualmente, que se aprende a filosofar. Mas o objetivo não é a filosofia, ainda menos escrever livros. O objetivo é uma vida mais lúcida, mais livre, mais feliz – mais sábia. Quem pretenderia, nesse caminho, não poder progredir? Montaigne, em "Da instituição das crianças" (*Ensaios*, I, 26), cita a mesma fórmula de Horácio, de que Kant fará a divisa das Luzes: "*Sapere aude, incipe*: ouse saber, ouse ser sábio, comece!" Por que esperar mais? Por que diferir a felicidade? Nunca é cedo demais nem tarde demais para filosofar, era mais ou menos o que dizia Epicuro, já que nunca é cedo demais nem tarde demais para ser feliz. Mas a mesma razão indica claramente que quanto mais cedo, melhor.

Que sabedoria? Os filósofos divergem a esse respeito, como a respeito de tudo. Uma sabedoria do prazer, como em Epicuro? Da vontade, como nos estoicos? Do silêncio, como nos céticos? Do conhecimento e do amor, como em Spinoza? Do dever e da esperança, como em Kant? Cada um que forje sua opinião, que poderá tomar emprestada de diversas escolas. É por isso que é preciso filosofar por conta própria: porque ninguém pode pensar nem viver em nosso lugar. Mas numa coisa os filósofos, quase todos em todo caso, concordam: na ideia de que a sabedoria se reconhece por certa felicidade, por certa serenidade, digamos por certa paz interior, mas alegre e lúcida, a qual é inseparável de um exercício rigoroso da razão. É o contrário da angústia, é o contrário da loucura, é o contrário da infelicidade. É por isso que a sabedoria é necessária. É por isso que é necessário filosofar. Porque não sabemos viver. Porque é preciso aprender. Porque a angústia, a loucura ou a infelicidade não param de nos ameaçar.

"O mal mais contrário à sabedoria", escrevia Alain, "é exatamente a tolice." Dito isso, por diferença, a que devemos tender: à vida mais *inteligente* possível. Mas a inteligência não basta para tal. Mas os livros não bastam para tal. Para que pensar tanto, se é para viver tão pouco? Quanta inteligência nas ciências, na economia, na filosofia! E quantas tolices, muitas vezes, na vida dos cientistas, dos homens de negócio, dos filósofos... A inteligência só se aproxima da sabedoria na medida em que transforma nossa existência, em que a ilumina, em que a guia. Não se trata de inventar sistemas. Não basta manejar conceitos, ou estes não passam de meios. O objetivo, o único, é pensar e viver um pouco melhor, ou um pouco menos mal.

Admirável fórmula de Marco Aurélio: "Se os deuses deliberaram sobre mim e sobre o que deve acontecer comigo, fizeram-no sabiamente. Mas, ainda que não deliberem sobre nada do que nos concerne ou não existam, é-me permitido deliberar sobre mim mesmo e procurar o que me é útil." A sabedoria não é uma santidade. A filosofia não é nem uma religião nem uma moral. É minha própria vida que se trata de salvar, não a dos outros. É meu próprio interesse que se trata de defender, não o de Deus ou da humanidade. Pelo menos é esse o ponto de partida. Que eu possa, no caminho, também encontrar Deus, é possível; a humanidade, é provável. Mas, enfim, não vou, por isso, renunciar a esta vida que me é dada, nem à minha liberdade, nem à minha lucidez, nem à minha felicidade.

Como viver? É essa a questão com que a filosofia, desde seu começo, se depara. A sabedoria seria a resposta, mas encarnada, mas vivida, mas em ato: cada qual que invente a sua. É aí que a ética, que é uma arte de viver, se distingue da moral, que só concerne aos nossos deveres. Que as duas possam e devam andar juntas, é óbvio. Perguntar-se como viver também é perguntar-se que importância atribuir a seus

deveres. Mas, nem por isso, os dois escopos deixam de ser diferentes. A moral responde à pergunta: "Que devo fazer?" A ética, à pergunta: "Como viver?" A moral culmina na virtude ou na santidade; a ética, na sabedoria ou na felicidade. Não matar, não roubar, não mentir? Muito bem, mas quem se contentaria com isso? Quem veria nisso uma felicidade suficiente? Uma liberdade suficiente? Uma salvação suficiente? "Não pegar aids não é uma meta suficiente na existência", dizia-me um amigo. É claro que ele tinha razão. Mas o mesmo vale para não matar, não roubar ou não mentir. Nenhum "*não*" basta, é por isso que necessitamos da sabedoria: porque a moral não basta, porque o dever não basta, porque a virtude não basta. A moral manda; mas quem se contentaria com obedecer? A moral diz não, mas quem se contentaria com suas proibições? Mais vale o amor. Mais vale o conhecimento. Mais vale a liberdade. Trata-se de dizer *sim*: sim a si, sim aos outros, sim ao mundo, sim a tudo, e é isso que a sabedoria significa. "*Amor fati*", dizia Nietzsche após os estoicos: "Não querer nada além do que é, nem no passado, nem no futuro, nem nos séculos dos séculos; não se contentar com suportar o inelutável, menos ainda dissimulá-lo a si próprio – todo idealismo é uma maneira de mentir a si mesmo diante da necessidade –, mas *amá-lo*."
 Isso não impede a revolta. Isso não impede o combate. Dizer sim ao mundo é também dizer sim à sua própria revolta, que faz parte dele, à sua ação, que faz parte dele. Vejam Camus ou Cavaillès. Transformar o real? Isso supõe, antes de mais nada, que se tome o real como ele é. Fazer advir o que ainda não é? Isso supõe, antes de mais nada, que se trabalhe sobre o que é. Ninguém pode agir de outro modo. Ninguém pode ter sucesso de outro modo. A sabedoria não é uma utopia. Nenhuma utopia é sábia. O mundo não é para

A SABEDORIA

ser sonhado, mas transformado. A sabedoria? É, antes de mais nada, certa relação com a verdade e com a ação, uma lucidez tônica, um conhecimento em ato, e ativo. Ver as coisas como elas são; saber o que se quer. Não mentir a si mesmo. Não fingir. "Não bancar o ator trágico", dizia Marco Aurélio. Conhecer e aceitar. Compreender e transformar. Resistir e superar. Porque ninguém pode enfrentar primeiro nada além daquilo mesmo cuja existência aceita. Como se tratar, se não se aceitar que se está doente? Como combater a injustiça, se não reconhecer que ela existe? O real é para pegar ou largar, e ninguém pode transformá-lo se antes não pegá-lo.

É o espírito do estoicismo: aceitar o que não depende de nós; fazer o que depende. É o espírito do spinozismo: conhecer, compreender, agir. É também o espírito dos sábios do Ocidente, por exemplo, Prajnanpad: "Ver e aceitar o que é, depois, se necessário, tentar mudá-lo." O sábio é um homem de ação, enquanto nós normalmente só sabemos esperar ou tremer. Ele enfrenta o que é, enquanto nós normalmente só sabemos esperar o que ainda não é e lamentar o que não é ou já não é. Ainda Prajnanpad: "O que está acabado tornou-se passado; não existe agora. O que deve acontecer está no futuro e não existe agora. E então? O que existe? O que é aqui e agora. Nada mais... Fiquem no presente: ajam, ajam, ajam!" Isso é viver a vida, em vez de esperar viver. E realizar nossa salvação, tanto quanto somos capazes, em vez de esperá-la.

A sabedoria? O máximo de felicidade, no máximo de lucidez. É a vida boa, como diziam os gregos, mas uma vida que seja humana, em outras palavras, responsável e digna. Gozar? Sem dúvida. Regozijar-se? O máximo que pudermos.

Mas não de qualquer jeito. Não a qualquer preço. "Tudo o que proporciona alegria é bom", dizia Spinoza; no entanto, nem todas as alegrias se equivalem. "Todo prazer é um bem", dizia Epicuro. Isso não quer dizer que todos eles mereçam ser buscados, nem mesmo que todos eles sejam aceitáveis. É preciso escolher, portanto, comparar as vantagens e as desvantagens, como dizia ainda Epicuro, em outras palavras, julgar. É para isso que serve a sabedoria. É também para isso que serve, e por isso mesmo, a filosofia. Não se filosofa para passar o tempo, nem para se valorizar, nem para brincar com os conceitos: filosofa-se para salvar a própria pele e a própria alma.

A sabedoria é essa salvação, não para uma outra vida, mas para esta. Somos capazes? Completamente não, sem dúvida. Mas não é um motivo para renunciarmos a nos aproximar dela. Ninguém é sábio por inteiro; mas quem se resignaria a ser totalmente louco?

Se você quer ir em frente, diziam os estoicos, precisa saber aonde vai. A sabedoria é a meta: a vida é a meta, mas uma vida que fosse mais feliz e mais lúcida; a felicidade é a meta, mas que seria vivida na verdade.

Cuidado, porém, para não fazer da sabedoria um ideal a mais, uma esperança a mais, uma utopia a mais, que nos separaria do real. A sabedoria não é outra vida, que seria necessário esperar ou alcançar. Ela é a verdade desta, que é preciso conhecer e amar. Porque ela é amável? Não necessariamente, nem sempre. Mas para que seja.

"O sinal mais expresso da sabedoria", dizia Montaigne, "é um júbilo constante; seu estado é como das coisas acima da lua: sempre sereno." Eu também poderia citar Sócrates, Epicuro ("é preciso rir enquanto se filosofa..."), Descartes, Spinoza, Diderot ou Alain... Todos eles disseram que a sabedoria está do lado do prazer, da alegria, da ação, do amor. E que a sorte não basta.

Não é porque o sábio é mais feliz do que nós que ele ama mais a vida. É porque ele a ama mais que é mais feliz.

Quanto a nós, que não somos sábios, que não passamos de aprendizes de sabedoria, isto é, filósofos, resta-nos aprender a viver, aprender a pensar, aprender a amar. Nunca pararemos de aprender, e é por isso que sempre precisamos filosofar. Isso requer muito esforço, mas também traz muitas alegrias. "Em todas as outras ocupações", escrevia Epicuro, "o gozo vem depois dos trabalhos feitos penosamente; mas, na filosofia, o prazer anda de mãos dadas com o conhecimento: porque não é depois de ter aprendido que se goza o que se sabe, mas aprender e gozar andam juntos."
Tenha confiança: a verdade não é o fim do caminho; ela é o próprio caminho.

Bibliografia

Neste livrinho, que quer ser apenas de iniciação, pareceu-me preferível renunciar às notas de rodapé, que teriam de ser numerosas e que teriam tornado o conjunto inutilmente mais pesado. O leitor encontrará na bibliografia que segue, capítulo por capítulo, a maioria das obras que evoco, que utilizei ou, sobretudo, que me parecem necessárias ao aprofundamento da reflexão. São menos referências do que conselhos de leitura. As edições citadas só o são a título indicativo (privilegiei, na medida do possível, as que estão disponíveis em livro de bolso). Pus, enfim, um asterisco nas obras mais acessíveis, as que me parecem possam ser lidas com proveito primeiro e, ao contrário, dois asteriscos nas mais difíceis, que é melhor reservar para o fim. As outras, as que não têm asterisco, são de dificuldade intermediária. É evidente que não se deve ver nisso nenhuma hierarquia qualitativa. Há obras-primas luminosas, outras tremendamente árduas – e muitos livros obscuros (que não estão listados aqui) que não são em nada obras-primas... Como quer que seja, não há leitura filosófica que não requeira um esforço particular. Isso não quer dizer que não possam proporcionar prazer, mas sim que o prazer e o esforço, em filosofia, andam juntos.

Preâmbulo

Platão, *Apologie de Socrate**, trad. E. Chambry, G.-F., 1965.
Epicuro, *Lettres et maximes*, trad. M. Conche, PUF, 1987.
Marco Aurélio, *Pensées pour moi-même**, trad. M. Meunier, G.-F., 1964 (outra bela tradução pode ser encontrada sob o título *Soliloques*, por L.-L. Grateloup, Le Livre de Poche, 1998).

APRESENTAÇÃO DA FILOSOFIA

Montaigne, *Essais* (é mais fácil utilizar uma edição em que a ortografia esteja modernizada; é o caso, notadamente, da edição, muito cômoda, de R. Barral e P. Michel, Le Seuil, col. "L'Intégrale", 1967; também costumo aconselhar a meus alunos começar pelo livro III...) [Trad. bras. *Os ensaios*, I, II, III, São Paulo, Martins Fontes, 2000, 2000, 2001.]

Descartes, *Discours de la méthode** (pode ser encontrado em múltiplas edições em formato de bolso; vale salientar, porém, a extrema qualidade da edição Alquié das *Oeuvres philosophiques*, em três volumes, Garnier, 1963, 1967 e 1973) [Trad. bras. *Discurso do método*, São Paulo, Martins Fontes, 1989.]

Pascal, *Pensées** (para uma primeira abordagem, a edição mais cômoda continua sendo, a meu ver, a de Léon Brunschvicg: Pascal, *Pensées et opuscules*, Hachette, 1897, reed. 1967; a edição em separata das *Pensées*, Le Livre de Poche, 1962, teve infelizmente suas notas, de tanta utilidade, amputadas) [Trad. bras. *Pensamentos*, São Paulo, Martins Fontes, 2001.]

Spinoza, *Traité de la réforme de l'entendement*, ed. Ch. Appuhn, t. 1 das *Oeuvres*, G.-F., 1964.

Kant, *Opus posthumum***, trad. F. Marty, PUF, 1986. Ver também "Qu'est-ce que les Lumières?", em *La philosophie de l'histoire*, opúsculos traduzidos por S. Piobetta, Denoël, col. "Médiations", 1984.

Hegel, *Phénoménologie de l'esprit***, trad. J.-P. Lefebvre, Aubier, 1991.

Nietzsche, *Le gai savoir*, trad. A. Vialatte, Gallimard, reed. Col. "Folio-Essais", 1982 (assinalamos também a bela edição das *Oeuvres*, por J. Lacoste e J. Le Rider, 2 volumes, Robert Laffont, col. "Bouquins", 1993).

Alain, *Éléments de philosophie**, Gallimard, reed. col. "Folio-Essais", 1990 (publicada também em *Les passions et la sagesse*, "Bibliothèque de la Pléiade", 1960, com o título de *81 chapitres sur l'espirit et les passions*).

André Comte-Sponville, *Une éducation philosophique*, PUF, 1989. Ver também *L'amour la solitude**, Albin Michel, 2000. [Trad. bras. *Uma educação filosófica* e *O amor a solidão*, São Paulo, Martins Fontes, 2001, 2001.]

Gilles Deleuze e Félix Guattari, *Qu'est-ce que la philosophie?***, Éditions de Minuit, 1991.

Pierre Hadot, *Qu'est-ce que la philosophie antique?*, Gallimard, col. "Folio-Essais", 1995.

Michel Meyer, *Qu'est-ce que la philosophie?*, Le Livre de Poche, 1997.

Jean-Pierre Faye, *Qu'est-ce que la philosophie?*, Armand Colin, 1997.

Dominique Lecourt, "Qu'est-ce donc que la philosophie?", em *Déclarer la philosophie*, PUF, 1997.

BIBLIOGRAFIA

Luc Ferry e Alain Renaut, *Philosopher à 18 ans*, Grasset, 1999.
Marcel Conche, *Le sens de la philosophie*, Encre marine, 1999.

1. A moral

Platão, *La République* (sobretudo os livros II e X), trad. R. Baccou. G.-F., 1966.
Aristóteles, *Éthique à Nicomaque*, trad. J. Tricot, Vrin, 1979 (reed. 1994).
Epicteto, *Manuel** e *Entretiens**, trad. É. Bréhier, em *Les Stoïciens*, Gallimard, reed. col. "Tel", 1997.
Baruch de Spinoza, *Éthique***, trad. Ch. Appuhn, G.-F. (t. 3 das *Oeuvres*), 1965.
Jean-Jacques Rousseau, *Discours sur l'origine de l'inégalité parmi les hommes**, Gallimard, col. "Folio-Essais", 1989. [Trad. bras. *Discurso sobre a origem e os fundamentos da desigualdade entre os homens*, São Paulo, Martins Fontes, 1993.]
David Hume, *Enquête sur les principes de la morale*, trad. Ph. Baranger e Ph. Saltel, G.-F., 1991.
Immanuel Kant, *Fondation de la métaphysique des moeurs*, trad. A. Renaut, G.-F., 1994. Sobre a relação entre a moral e a religião, ver também *La Religion dans les limites de la simple raison* (principalmente o prefácio da primeira edição), trad. J. Gibelin, Vrin, 1972.
Arthur Schopenhauer, *Le fondement de la morale*, trad. A. Roger, Aubier-Montaigne, 1978. [Trad. bras. *Sobre o fundamento da moral*, São Paulo, Martins Fontes, 1995.]
John Stuart Mill, *L'utilitarisme*, trad. G. Tanesse, Flammarion, col. "Champs", 1988. [Trad. bras. *Liberdade/Utilitarismo*, São Paulo, Martins Fontes, 2000]
Friedrich Nietzsche, *Généalogie de la morale*, trad. H. Albert, Gallimard, col. "Folio-Essais", 1987.
Ludwig Wittgenstein, "Conférence sur l'éthique", em *Leçons et conversations*, Gallimard, col. "Folio-Essais", 1992.
Jean-Paul Sartre, *Cahiers pour une morale*, Gallimard, 1983.
Michel Foucault, *Le souci de soi*, *Histoire de la sexualité*, 3, Gallimard, 1984, reed. col. "Tel", 1997.
Emmanuel Lévinas, *Éthique et infini*, Le Livre de Poche, col. "Biblio-Essais", 1984.

APRESENTAÇÃO DA FILOSOFIA

Vladimir Jankélévitch, *Traité des vertus*, Flammarion, col. "Champs", 1986.
Hans Jonas, *Le Principe Responsabilité (Une éthique pour la civilisation technologique)*, trad. J. Greisch, Le Cerf, 1993.
Paul Ricoeur, *Soi-même comme un autre***, Le Seuil, 1990, reed. col. "Points Essais", 1996 (ver sobretudo os estudos 7 a 9).
Marcel Conche, *Le fondement de la morale*, reed. PUF, 1993.
André Comte-Sponville, *Petit traité des grandes vertus**, PUF, 1995. [Trad. bras. *Pequeno tratado das grandes virtudes*, Martins Fontes, São Paulo, 1995.]
Monique Canto-Sperber (org.), *Dictionnaire d'éthique et de philosophie morale*, PUF, 1996.

2. A política

Platão, *La république*, trad. R. Baccou, G.-F., 1966.
Aristóteles, *Les politiques*, trad. P. Pellegrin. G.-F., 1990.
Maquiavel, *Le prince**, trad. Y. Lévy, G.-F., 1980. [Trad. bras. *O príncipe*, São Paulo, Martins Fontes, 1990.]
La Boétie, *Discours de la servitude volontaire**, G.-F., 1983.
Montaigne, "De l'utile et de l'honnête", *Essais*, III, 1.
Hobbes, *Léviathan*, trad. F. Tricaud, Sirey, 1971.
Pascal, *Pensées sur la politique**, textos escolhidos e apresentados por André Comte-Sponville, Rivages Poche, 1922.
Spinoza, *Traité politique*, trad. Ch. Appuhn, G.-F. (t. 4 das *Oeuvres*), 1966.
Locke, *Traité du gouvernement civil*, trad. D. Mazel, G.-F., 1984.
Montesquieu, *De l'esprit des lois*, G.-F., 1979. [Trad. bras. *O espírito das leis*, São Paulo, Martins Fontes, 1993.]
Rousseau, *Du contrat social*, G.-F., 1966. [Trad. bras. *O contrato social*, São Paulo, Martins Fontes, 1989.]
Kant, *La philosophie de l'histoire*, opúsculos traduzidos por S. Piobetta, Denoël, col. "Médiations", reed. 1984.
Hegel, *Principes de la philosophie du droit***, trad. J.-F. Kervégan, PUF, 1998. [Trad. bras. *Princípios da filosofia do direito*, São Paulo, Martins Fontes, 1997.]
Benjamim Constant, *Principes de politique*, Hachette, col. "Pluriel", 1997.
Tocqueville, *De la démocratie en Amérique*, reed. G.-F., 1981. [Trad. bras. *A democracia na América*, São Paulo, Martins Fontes, 1998 e 2000.]
Karl Marx e Friedrich Engels, *Manifeste du Parti communiste**, trad. L. Lafargue, Éditions Sociales, 1972.

BIBLIOGRAFIA

Alain, *Propos sur les pouvoirs**, Gallimard, col. "Folio-Essais", 1985.
Max Weber, *Le savant et le politique*, 10/18, 1963.
John Rawls, *Théorie de la justice*, trad. C. Audard, Seuil, 1987. [Trad. bras. *Uma teoria da justiça*, São Paulo, Martins Fontes, 1997.]
Albert Camus, *L'homme révolté**, Gallimard, col. "Folio-Essais", 1985.
Régis Debray, *Critique de la raison politique*, Gallimard, 1981. Sobre a diferença entre República e Democracia, ver também o primeiro texto de *Contretemps, Éloges des idéaux perdus*, Gallimard, col. "Folio-actuel", 1992.
Karl Popper, *La société ouverte et ses ennemis*, trad. J. Bernard e Ph. Monod, Seuil, 1979.
Philippe Raynaud e Stéphane Rials (org.), *Dictionnaire de philosophie politique*, PUF, 1996.
Alain Renaut (org.), *Histoire de la philosophie politique*, Calmann-Lévy, 1999 (5 volumes).

3. O amor

Platão, *Le Banquet**, trad. E. Chambry, G.-F., 1964 (ver também *Phèdre*).
Aristóteles, *Éthique à Nicomaque*, trad. J. Tricot, Vrin, 1979 (ver também *Éthique à Eudème*, bem como *Rhétorique*, II, 4).
Montaigne, *Essais* (principalmente I, 28).
Descartes, *Les passions de l'âme*, G.-F., 1996. [Trad. bras. *As paixões da alma*, São Paulo, Martins Fontes, 1998.]
Spinoza, *Éthique*** (trad. Ch. Appuhn, G.-F.).
Arthur Schopenhauer, *Métaphysique de l'amour*, suplemento ao livro IV de *Le Monde comme volonté et comme représentation*, trad. A. Burdeau e R. Roos, PUF, 1996. [Trad. bras. *Metafísica do amor/Metafísica da Morte*, São Paulo, Martins Fontes, 2000.]
Georg Simmel, *Philosophie de l'amour*, trad. S. Cornille e P. Ivernel, Rivages, col. "Petite Bibliothèque", 1988.
Freud, *Malaise dans la civilisation**, trad. Ch. e J. Odier, PUF, 1971.
Alain, *Les sentiments familiaux*, in *Les passions et la sagesse*, Gallimard, col. "Bibliothèque de la Pléiade", 1960.
Simone Weil, *La pesanteur et la grâce**, Plon, 1948, reed. Pocket, 1991.
Denis de Rougemont, *L'amour et l'Occident**, reed. 10/18, 1974.
Vladimir Jankélévitch, *Les vertus et l'amour* (*Traité des vertus*, III), Flammarion, col. "Champs", 1986.

APRESENTAÇÀO DA FILOSOFIA

André Comte-Sponville, *L'amour la solitude**, Paroles d'Aube, 1992, reed. Albin Michel, 2000 (ver também o *Petit traité des grandes vertus**, cap. 18).

Marcel Conche, *Analyse de l'amour et autres sujets*, PUF, 1997 (ver também *Le sens de la philosophie*, Encre marine, 1999). [Trad. bras. *A análise do amor*, São Paulo, Martins Fontes, 1998.]

4. A morte

Platão, *Phédon**, trad. E. Chambry, G.-F., 1965.
Epicuro, *Lettres et maximes**, trad. M. Conche, PUF, 1987.
Lucrèce, *De la nature* (livro III), trad. J. Kany-Turpin, G.-F., 1997.
Sêneca, *Lettres à Lucilius*, trad. M.-A. Jourdan-Gueyer, G.-F., 1992.
Marco Aurélio, *Pensées pour moi-même**, trad. M. Meunier, G.-F., 1964 (ou *Soliloques*, trad. L.-L. Grateloup, Le Livre de Poche, 1998).
Montaigne, *Essais* (sobretudo I, 20, e III, 9).
Pascal, *Pensées**.
Freud, "Au-delà du principe de plaisir" e "Considérations actuelles sur la guerre et sur la mort", in *Essais de phychanalyse*, trad. J. Laplanche, J.-B. Pontalis, Payot, 1981.
Vladimir Jankélévitch, *La mort*, Flammarion, col. "Champs", 1977.
Marcel Conche, "La mort et la pensée", in *Orientation philosophique*, PUF, 1990.
Françoise Dastur, *La mort, Essai sur la finitude*, Hatier, col. "Optiques Philosophie", 1994 (ver também *Comment vivre avec la mort?*, Pleins Feux, 1998).
Vincent Cordonnier, *La mort**, Quintette, 1995.

5. O conhecimento

Platão, *La république*, trad. R. Baccou, G.-F., 1966.
Montaigne, *Apologie de Raymond Sebond* (*Essais*, II, 12).
Descartes, *Discours de la méthode**.
Pascal, *De l'esprit géométrique et de l'art de persuader**.
Spinoza, *Traité de la réforme de l'entendement*, trad. Ch. Appuhn, G.-F., 1965.
Locke, *Essai philosophique concernant l'entendement humain*, trad. M. Coste, 1755, Vrin, 1972.

BIBLIOGRAFIA

Leibniz, *Nouveaux essais sur l'entendement humain*, G.-F., 1990.
Hume, *Enquête sur l'entendement humain*, trad. A. Leroy e M. Beyssade, G.-F., 1983 (é o livro mais acessível, mas a obra-prima é o *Traité de la nature humaine*, trad. A. Leroy, Aubier, 1983)
Kant, *Critique de la raison pure***, trad. A. Tremesaygues e B. Pacaud, PUF, col. "Quadrige", 1990. Ver também o opúsculo "Réponse à la question: Qu'est-ce que les Lumières?", em *La philosophie de l'histoire*, opúsculos traduzidos por S. Piobetta, Denoël, col. "Médiations", reed. 1984.
Nietzsche, *Le gai savoir*, trad. A. Vialatte, Gallimard, reed. col. "Folio-Essais", 1990.
Heidegger, "De l'essence de la vérité", *Questions*, I, trad. A. De Waelhens e W. Biemel, Gallimard, reed. col. "Tel", 1990.
Alain, *Entretiens au bord de la mer**, Gallimard, 1949, reed. col. "Folio-Essais", 1998.
Gaston Bachelard, *La formation de l'espirit scientifique*, reed. Vrin, 1993 (ver também *L'activité rationaliste de la physique contemporaine*, cap. I).
Karl Popper, *La logique de la découverte scientifique*, trad. N. Thyssen-Tutten e Ph. Devaux, Payot, 1973.
André Comte-Sponville, *Valeur et vérité (Études cyniques)*, PUF, 1994.
Francis Wolff, *Dire le monde***, PUF, 1997.
Pascal Engel, *La vérité, Réflexion sur quelques truismes*, Hatier, col. "Optiques Philosophie", 1998.
Jean-Michel Besnier, *Les théories de la connaissance*, Flammarion, 1996.
Dominique Lecourt (org.), *Dictionnaire d'histoire des sciences*, PUF, 1999.

6. A liberdade

Platão, *La république* (o mito de Er está no livro X), trad. R. Baccou, G.-F., 1966.
Aristóteles, *Éthique à Nicomaque*, trad. J. Tricot, reed. Vrin, 1994.
Epicteto, *Entretiens**, trad. É. Bréhier, in *Les Stoïciens*, Gallimard, reed. col. "Tel", 1997.
Hobbes, *Le citoyen*, trad. S. Sorbière, 1649, reed. G.-F., 1982. [Trad. bras. *Do cidadão*, São Paulo, Martins Fontes, 1992.]
Descartes, *Correspondance* (a edição mais útil é a que já assinalamos, estabelecida por F. Alquié, *Oeuvres philosophiques*, Garnier, 1963-1973; ver "Liberté" no índice).

Spinoza, *Lettres*, trad. Ch. Appuhn (tomo 4 das *Oeuvres*); ver também o apêndice de *Éthique*, I.
Lebniz, *Essais de théodicée*, G.-F., 1969.
Voltaire, *Dictionnaire philosophique**, G.-F., 1964.
Kant, *Critique de la raison pratique***, trad. F. Picavet, PUF, col. "Quadrige", 5. ed., 1997. [Trad. bras. *Crítica da razão prática*, São Paulo, Martins Fontes, 2002.]
Schopenhauer, *Essai sur le libre arbitre*, trad. S. Reinach, revista por D. Raymond, Rivages, 1992.
Bergson, *Essai sur les données immédiates de la conscience*, reed. PUF, col. "Quadrige", 1997.
Alain, *Histoire de mês pensées**, in *Les arts et les dieux*, Gallimard, "Bibliothèque de la Pléiade", 1958.
Jean-Paul Sartre, "La liberté cartésienne", em *Situations philosophiques*, Gallimard, reed. col. "Tel", 1990 (ver também *L'existentialisme est un humanisme**, Gallimard, col. "Folio-Essais", 1996, e sobretudo *L'être et le néant***, Gallimard, reed. col. "Tel", 1976).
Marcel Conche, *L'aléatoire*, reed. PUF, 1999.
Karl Popper, *L'univers irrésolu, Plaidoyer pour l'indéterminisme*, trad. R. Bouveresse, Hermann, 1984.

7. Deus

Aristóteles, *Métaphysique*** (ver especialmente o livro A), trad. J. Tricot, Vrin, 1981.
Descartes, *Méditations métaphysiques**. [Trad. bras. *Meditações metafísicas*, São Paulo, Martins Fontes, 2000.]
Spinoza, *Éthique***, trad. Ch. Appuhn, G.-F., 1965.
Pascal, *Pensées**.
Malebranche, *Conversations chrétiennes*, Gallimard, col. "Folio-Essais", 1994.
Leibniz, *Monadologie*** e *Discours de métaphysique***, reed. Gallimard, col. "Tel", 1995 (esses dois livrinhos, reunidos aqui num só volume, fazem parte das mais puras obras-primas da história da filosofia). Ver também os *Essais de théodicée*, G.-F., 1969.
Hume, *Dialogues sur la religion naturelle*, trad. M. Malherbe, Vrin, 1987.
Rousseau, *Profession de foi du vicaire savoyard**, in *Émile ou de l'éducation*.

Kant, *Critique de la raison pure*** (*Dialectique transcendantale*, II, 3: "L'idéal de la raison pure"). Ver também *La Religion dans les limites de la simple raison*, trad. J. Gibelin, Vrin, 1972.
Kierkegaard, *Crainte et tremblement*, trad. P.-H. Tisseau, Aubier, col. "Bibliothèque philosophique", 1984.
Henri Bergson, *Les deux sources de la morale et de la religion*, PUF, reed. col. "Quadrige", 1997.
Alain, *Les Dieux**, Gallimard, reed., col. "Tel", 1985 (a última parte, "Christophore", é o que conheço de mais bonito sobre o cristianismo).
Heidegger, "Identité et différence", em *Questions*, I, trad. A. Préau, Gallimard, 1968, reed. col. "Tel", 1990 (ver também *Le principe de raison*, trad. A. Préau, Gallimard, 1962, reed. col. "Tel", 1983).
Ludwig Wittgenstein, *Carnets*, trad. G.-G. Granger, Gallimard, 1971.
Simone Weil, *Attente de Dieu*, reed. Fayard, 1985.
Emmanuel Lévinas, *De Dieu qui vient à l'idée*, Vrin, reed. 1992.
Jean-Luc Marion, *Dieu sans l'être*, reed. PUF, col. "Quadrige", 1991.
Bernard Sève, *La question philosophique de l'existence de Dieu*, PUF, 1994.

8. O ateísmo

Lucrécio, *De la nature*, trad. J. Kany-Turpin, G.-F., 1997.
Hume, *Dialogues sur la religion naturelle*, trad. M. Malherbe, Vrin, 1987.
Diderot, *Entretien d'un philosophe avec la Maréchale de****, Actes Sud, 1991.
Paul Henri Thiry d'Holbach, *Le bon sens*, Éditions Rationalistes, 1971.
Ludwig Feuerbach, *L'essence du christianisme*, trad. J.-P. Osier, reed. Gallimard, col. "Tel", 1992.
Arthur Schopenhauer, *Sur la religion*, trad. E. Osier, G.-F., 1996.
Karl Marx e Friedrich Engels, *Sur la religion*, textos escolhidos, traduzidos e anotados por G. Badia, P. Bange e É. Bottigelli, Éditions sociales, 1968.
Friedrich Nietzsche, Le gai savoir, trad. A. Vialatte, Gallimard, 1950, reed. col. "Folio-Essais", 1990. Ver também *L'Antéchrist*, trad. H. Albert, Mercure de France, reed. 1970.
Sigmund Freud, *L'avenir d'une illusion*, trad. M. Bonaparte, PUF, reed. col. "Quadrige", 1996.
Alain, *Propos sur la religion**, reed. PUF, 1969.
Jean-Paul Sartre, *L'existentialisme est un humanisme**, reed. Gallimard, col. "Folio-Essais", 1996.

APRESENTAÇÃO DA FILOSOFIA

Albert Camus, *Le mythe de Sisyphe**, Gallimard, reed. col. "Folio-Essais", 1985.
Marcel Conche, *Orientation philosophique*, PUF, 1990. [Trad. bras. *Orientação filosófica*, São Paulo, Martins Fontes, 2000.]
Robert Joly, *Dieu vous interpelle? Moi, il m'évite... (Les raisons de l'incroyance)*, Espace de libertés, Bruxelas, éditions EPO, 2000.

9. A arte

Aristóteles, *Poétique*, trad. J. Hardy, Les Belles Lettres, 1990.
Diderot, *Oeuvres esthétiques**, Laffont, col. "Bouquins", 1996.
Kant, *Critique de la faculté de juger*** (sobretudo a primeira parte), trad. A. Renaut, Aubier, 1995.
Schopenhauer, *Le monde comme volonté et comme représentation*, trad. A. Burdeau e R. Roos, PUF, 1966, reed. 1978 (sobretudo o livro III).
Hegel, *Esthétique*, trad. S. Jankélévitch, Flammarion, col. "Champs", 4 vol., 1979.
Schelling, *Textes esthétiques*, trad. A. Pernet, Klincksieck, 1978.
Nietzsche, *La naissance de la tragédie*, trad. C. Heim, Denoël, col. "Médiations", reed. 1984.
Alain, *Système des beaux-arts*, Gallimard, col. "Tel", 1983.
Heidegger, "L'origine de l'oeuvre d'art", in *Chemins qui me mènent nulle part*, trad. W. Brokmeier, Gallimard, col. "Tel", reed. 1997.
Jean Lacoste, *La philosophie de l'art**, PUF, col. "Que sais-je?", reed. 1988.
Luc Ferry, *Homo estheticus. L'invention du goût à l'âge démocratique*, Grasset, 1990, reed. Le Livre de Poche, 1991 (edição remanejada e ilustrada, *Le sens du beau**, Le Cercle d'Art, 1998).
Michel Haar, *L'oeuvre d'art, Essai sur l'ontologie des oeuvres*, Hatier, col. "Optiques Philosophie", 1994.
Renée Bouveresse, *L'expérience esthétique*, Armand Colin, 1998.

10. O tempo

Aristóteles, *Physique***, IV, trad. H. Carteron, Les Belles Lettres, 1983.
Plotin, *Ennéades*, III, 7 ("De l'éternité et du temps"), trad. É Bréhier, Les Belles Lettres, 1981.

BIBLIOGRAFIA

Santo Agostinho, *Confessions**, livro XI, trad. J. Trabucco, G.-F., 1964.
Kant, *Critique de la raison pure*** (Esthétique transcendantale).
Henri Bergson, *Matière et mémoire*, PUF, reed. col. "Quadrige", 1982.
Edmund Husserl, *Leçons pour une phénoménologie de la conscience intime du temps*, trad. H. Dussort, PUF, reed. 1983.
Martin Heidegger, *Être et temps*** (a tradução fora de comércio de E. Martineau, Authentica, 1985, está infelizmente indisponível; a de F. Vézin, Gallimard, 1986, é quase ilegível; na falta de outra, pode-se ler o excelente livrinho de Françoise Dastur, *Heidegger et la question du temps*, PUF, 1990).
Gaston Bachelard, *L'intuition de l'instant*, Denoël, col. "Médiations", reed. 1985.
Maurice Merleau-Ponty, *Phénoménologie de la perception* (sobretudo III, 2), Gallimard, 1945, reed. col. "Tel", 1976. [Trad. bras. *Fenomenologia da percepção*, São Paulo, Martins Fontes, 1994.]
Victor Goldschmidt, *Le système stoïcien et l'idée de temps*, Vrin, reed. 1985.
Marcel Conche, *Temps et destin*, 1980, reed. PUF, 1992.
Marc Wetzel, *Le temps*, Quintette, 1990.
Nicolas Grimaldi, *Ontologie du temps*, PUF, 1993.
André Comte-Sponville, *L'être-temps*, PUF, 1999. [Trad. bras. *O ser-tempo*, São Paulo, Martins Fontes, 1999.]

11. O homem

Montaigne, *Essais* (lembro que uma edição cômoda, com a ortografia moderna, é a de R. Baral e P. Michel, na coleção "L'Intégrale", Seuil, 1967. Começar de preferência pelo livro III).
Pascal, *Pensées**.
David Hume, *Traité de la nature humaine***, trad. A. Leroy, Aubier, 1983.
Jean-Jacques Rousseau, *Discours sur l'origine et les fondements de l'inégalité parmi les hommes**.
Immanuel Kant, *Anthropologie du point de vue pragmatique***, trad. M. Foucault, Vrin, 1979.
Martin Heidegger, "Lettre sur l'humanisme", trad. R. Munier, em *Questions*, III, Gallimard, reed. col. "Tel", 1996.
Jean-Paul Sartre, *L'existentialisme est un humanisme**, reed. Gallimard, col. "Folio-Essais", 1996.
Simone de Beauvoir, *Le deuxième sexe*, Gallimard, 1949, reed. col. "Folio-Essais", 1986.

APRESENTAÇÃO DA FILOSOFIA

Claude Lévi-Strauss, *La pensée sauvage*, Plon, 1962 (ver especialmente o cap. IX).
Emmanuel Lévinas, *Humanisme de l'autre homme*, Fata Morgana, 1972, reed. Le Livre de Poche, col. "Biblio-Essais", 1987.
Louis Althusser, *Pour Marx*, Maspero, 1965. Ver também a "Soutenance d'Amiens", em *Positions*, Éditions sociales, 1976.
Edgar Morin, *Le paradigme perdu: la nature humaine*, Seuil, 1973, reed. col. "Points-Essais", 1979.
Michel Foucault, *Les mots et les choses (Une archéologie des sciences humaines)*, Gallimard, 1966. [Trad. bras. *As palavras e as coisas*, São Paulo, Martins Fontes, 1981.]
Jean-Michel Besnier, *L'humanisme déchiré*, Descartes & Cie, 1993.
Luc Ferry, *L'homme-dieu ou le sens de la vie**, Grasset, 1996, reed. Le Livre de Poche, 1997.
André Comte-Sponville e Luc Ferry, *La sagesse des modernes (Dix questions pour notre temps)*, Robert Laffont, 1998, reed. Pocket, 1999. [Trad. bras. *A sabedoria dos modernos*, São Paulo, Martins Fontes, 1999.]
Tzvetan Todorov, *Le jardin imparfait (La pensée humaniste en France)*, Grasset, 1998.
Luc Ferry e Jean-Didier Vincent, *Qu'est-ce que l'homme? (Sur les fondamentaux de la biologie et de la philosophie)*, Odile Jacob, 2000.

12. A sabedoria

Platão, *Philèbe*, trad. E. Chambry, G.-F., 1969.
Aristóteles, *Éthique à Nicomaque*, trad. J. Tricot, reed. Vrin, 1994.
Les cyniques grecs, Fragments et témoignages, textos reunidos e apresentados por L. Paquet, Presses de l'Université d'Ottawa, 1988, reed. Le Livre de Poche, 1992.
Epicuro, "Lettre à Ménécée"*, em *Lettres et maximes*, trad. M. Conche, reed. PUF, 1987.
Epicteto, *Manuel** e *Entretiens**, trad. É. Bréhier, em *Les stoïciens*, Gallimard, reed. col. "Tel", 1997.
Marco Aurélio, *Pensées pour moi-même**, trad. M. Meunier, G.-F., 1992.
Montaigne, *Essais* (sobretudo I, 26 e o livro III).
Spinoza, *Éthique***, trad. Ch. Appuhn, G.-F., 1966.

BIBLIOGRAFIA

Arthur Schopenhauer, *Aphorismes sur la sagesse dans la vie*, trad. J.-A. Cantacuzène, PUF, reed. col. "Quadrige", 1983. Ver também, e sobretudo, essa obra-prima que é *Le Monde comme volonté et comme représentation*, trad. A. Burdeau e R. Roos, PUF, reed. 1978. [Trad. bras. *Aforismos sobre a sabedoria de vida*, São Paulo, Martins Fontes, 2002.]

Nietzsche, *Ainsi parlait Zarathoustra*, trad. G. Bianquis, G.-F., 1996.

Alain, *Minerve ou de la sagesse**, Gallimard, 1939.

Albert Camus, *Le mythe de Sisyphe**, Gallimard, reed. col. "Folio-Essais", 1985.

Pierre Hadot, *Exercices spirituels et philosophie antique*, Études augustiniennes, reed. 1987.

Clément Rosset, *La force majeure*, Éditions de Minuit, 1983.

Marcel Conche, *Orientation philosophique*, reed. PUF, 1990.

André Comte-Sponville, *Traité du désespoir et de la béatitude* (tome 1, *Le mythe d'Icare**, tome 2, *Vivre*), PUF, 1984 e 1988. [Trad. bras. *Tratado do desespero e da beatitude*, São Paulo, Martins Fontes, 1997.]

Jean-Michel Besnier, *Réflexions sur la sagesse*, Le Pommier, 1999.

Bibliografia complementar

A filosofia não se reduz à história da filosofia; não obstante, mantém com seu passado uma relação sempre constitutiva e necessária. Ela passa, inevitavelmente, pelo conhecimento dos autores. O leitor encontrará abaixo um pequeno número de obras de iniciação que, creio, poderão facilitar a leitura de certo número de filósofos, os que me parecem os maiores ou cujo conhecimento, para um principiante, me parece indispensável. Aqui não são necessários asteriscos: tratando-se de introduções à leitura dos grandes autores, só retive, deliberadamente, livros acessíveis ao grande público. Algumas dessas obras estão esgotadas; ainda assim eu as indico, primeiro porque são facilmente encontráveis em bibliotecas, depois na esperança de dar a seus editores a ideia – quem sabe? – de reeditá-las...

Sobre os pré-socráticos: Catherine Collobert, *Aux origines de la philosophie*, Le Pommier, 1999.

Sobre os sofistas: Gilbert Romeyer Dherbey, *Les Sophistes*, PUF, col. "Que sais-je?", 1985.

Sobre Sócrates: Francis Wolff, *Socrate*, PUF, col. "Philosophes", 1985.

Sobre Platão: Os "onze capítulos sobre Platão" de Alain, em *Idées*, são uma obra-prima absoluta (reed. Flammarion, col. "Champs", 1983; o mesmo texto também se encontra em *Les passions et la sagesse*, "Bibliothèque de la Pléiade", pp. 845 a 922). Para os que desejarem uma introdução menos singular ou menos forte, sem dúvida também mais fácil, podemos aconselhar o *Platon* de François Châtelet (Gallimard, 1965, reed. col. "Folio-Essais", 1989). Para aprofundar, o *Platon* de Léon Robin, PUF, reed. 1968, será muito útil.

APRESENTAÇÃO DA FILOSOFIA

Sobre os cínicos: O melhor é passear livremente pela bela antologia de Léonce Paquet, *Les Cyniques grecs, Fragments et témoignages*, Éditions de l'Université d'Ottawa, reed. Le Livre de Poche, 1992.

Sobre Aristóteles: Talvez, com Kant, o maior filósofo de todos os tempos – e, a meu gosto, com Montaigne, um dos mais humanos e dos mais simpáticos. Infelizmente, é quase indispensável uma introdução, e não conheço nenhuma verdadeiramente à altura. Na sua falta, os livros de Joseph Moreau (*Aristote et son école*, PUF, 1962) ou de David Ross (*Aristote*, trad. J. Samud, Gordon e Breach, 1971) oferecem uma boa visão de conjunto; e o de Pierre Aubenque, *La Prudence chez Aristote*, PUF, 1963, reed. col. "Quadrige", 1993, é uma bonita porta de entrada – pela ética – para o pensamento do Filósofo.

Sobre Epicuro e os epicuristas: O melhor é sem dúvida começar pelo pequeno e notável *Lucrèce* de Marcel Conche (Seghers, 1967, col. "Philosophes de tous les temps", reed. Éditions de Mégare, 1990). Mas nada pode substituir a leitura do próprio Epicuro, traduzido e apresentado – com mão de mestre! – pelo mesmo autor: *Épicure, Lettres et maximes*, texto estabelecido, traduzido, apresentado e anotado por M. Conche, reed. PUF, 1987.

Sobre os estoicos: A melhor introdução, centrada em Marco Aurélio, talvez seja a de Pierre Hadot, *La citadelle intérieure (Introduction aux Pensées de Marc Aurèle)*, Fayard, 1992.

Sobre Pírron: Não é propriamente uma introdução, mas o livro é ao mesmo tempo acessível e admirável: *Pyrrhon ou l'apparence*, Marcel Conche, PUF, 1994.

Sobre Plotino: Pierre Hadot, *Plotin ou la simplicité du regard*, Études augustiniennes, 1989.

Sobre Santo Agostinho: Henri-Irénée Marrou, *Saint Augustin et l'augustinisme*, Seuil, col. "Maîtres spirituels", 1955, reimpr. 1983. Num segundo tempo, o grande livro de Étienne Gilson, *Introduction à l'étude de saint Augustin*, Vrin, 1982, será um guia incomparável.

Sobre Montaigne: Tratando-se de Montaigne filósofo, a melhor introdução, de longe, é a de Marcel Conche, *Montaigne ou la conscience heureuse*, Seghers, 1964, reed. Éditions de Mégare, 1992.

Sobre Hobbes: Dá para dispensar uma introdução e debruçar direto no *Leviatã*, obra-prima maciça. Mas o leitor só terá a ganhar apoiando-se no *Thomas Hobbes* de Michel Malherbe (que é mais que uma introdução), Vrin, 1984.

BIBLIOGRAFIA COMPLEMENTAR

Sobre Descartes: Dá para dispensar uma introdução (ou o *Discurso do método* já é uma introdução suficiente) e mergulhar diretamente nas *Meditações metafísicas*, obra-prima luminosa. Para os que, no entanto, quiserem uma preparação, gosto muito dos dois livrinhos de Pierre Guénancia: um, bem elementar, *Descartes (Bien conduire sa raison)*, Gallimard, col. "Découvertes", 1996; o outro, mais burilado, *Descartes*, Bordas, col. "Philosophie présente", 1986. Enfim, admiro o *Descartes* de Alain, em *Idées* (reproduzido na "Bibliothèque de la Pléiade", *Les passions et la sagesse*).

Sobre Pascal: Nenhuma introdução nunca estará à altura dos *Pensamentos*, que se pode ler sem preparação. Para uma primeira leitura, a edição mais cômoda é, a meu ver, como disse antes, a de Léon Brunschvicg, Hachette, 1897, reed. 1967. É preferível essa edição clássica das *Pensées et opuscules* à edição em separata das *Pensées*, de Le Livre de Poche, 1962, desastradamente amputada das suas notas (que são utilíssimas, especialmente para ver a que ponto Pascal não para de pensar com e contra Montaigne).

Sobre Spinoza: Uma introdução, aqui, é praticamente indispensável. Há três que considero excelentes: o *Spinoza* de Alain (reed. Gallimard, col. "Tel", 1986), o de Pierre-François Moreau, Seuil, col. "Écrivains de toujours", 1975, enfim o *Spinoza, Philosophie pratique* de Gilles Deleuze, Éditions de Minuit, 1981. O primeiro é, a meu ver, o mais acessível; o terceiro, o mais estimulante.

Sobre Locke: Simone Goyard-Fabre, *John Locke et la raison raisonnable*, Vrin, 1986. Ou Yves Michaud, *Locke*, Bordas, 1986.

Sobre Leibniz: Yvon Belaval, *Leibniz, Initiation à sa philosophie*, reed. Vrin, 1975.

Sobre Montesquieu: Louis Althusser, *Montesquieu, La politique et l'histoire*, PUF, col. "Initiation philosophique", reed. 1969.

Sobre Diderot: Não é necessária uma introdução; mas pode-se começar por *Jacques, o fatalista*, que é o mais belo romance filosófico que conheço.

Sobre Hume: Michel Malherbe, *La philosophie empiriste de David Hume*, Vrin, 1992.

Sobre Rousseau: Se fosse necessária uma introdução, seria a leitura das *Confissões*. Mas pode-se também começar, e melhor quem sabe, pelo *Contrato social* ou pelo *Discurso sobre a origem da desigualdade entre os homens...*

APRESENTAÇÃO DA FILOSOFIA

Sobre Kant: Uma introdução é praticamente indispensável. Mas qual? Em francês, a melhor talvez seja o capítulo "Kant" de *L'étonnement philosophique, Une histoire de la philosophie*, de Jeanne Hersch, Gallimard, col. "Folio-Essais", reed. 1993. Como obra separada, *La Philosophie critique de Kant* de Gilles Deleuze, sempre muito sugestiva, prestará grandes serviços (PUF, col. "Initiation philosophique", 1971). Para um enfoque mais escolar, ver *Kant et le kantisme*, de Jean Lacroix (PUF, col. "Que sais-je?", 1966, reed. 1973) ou *Pour connaître la pensée de Kant*, de Georges Pascal, Bordas, 1966. Enfim, para um aprofundamento (mas aí não é mais uma introdução...), poderia hesitar entre os admiráveis *Problèmes kantiens* de Éric Weil, Vrin, 1970, e a obra mais completa de Alexis Philonenko, *L'oeuvre de Kant*, 2 volumes, Vrin, 1975 e 1981.

Sobre Maine de Biran: Maine de Biran par lui-même, de Henri Gouhier, Seuil, col. "Écrivains de toujours", 1970.

Sobre Hegel: François Châtelet, *Hegel*, Seuil, col. "Écrivains de toujours", 1968. Ver também o "Hegel" de Alain, em *Idées* ou em *Les passions et la sagesse*.

Sobre Augusto Comte: Alain, "Auguste Comte", em *Idées*. Ver também Jacques Muglioni, *Auguste Comte, Un philosophe pour notre temps*, Kimé, 1995.

Sobre Kierkegaard: Georges Gusdorf, *Kierkegaard*, Seghers, col. "Philosophes de tous les temps", 1963.

Sobre Schopenhauer: Didier Raymond, *Schopenhauer*, Seuil, col. "Écrivains de toujours", 1979. Ou Clément Rosset, *Schopenhauer, Philosophe de l'absurde*, PUF, 1967.

Sobre Marx: A melhor introdução, do ponto de vista filosófico, é sem dúvida a de Engels, *Ludwig Feuerbach et la fin de la philosophie classique allemande*, trad. G. Badia, Éditions sociales, 1966.

Sobre Nietzsche: Gilles Deleuze, *Nietzsche*, PUF, col. "SUP Philosophes", 1974 (não confundir com *Nietzsche et la philosophie* do mesmo autor, PUF, 1962, que é um grande livro, mas de forma alguma uma introdução). Ou então Jean Granier, *Nietzsche*, PUF, col. "Que sais-je?", 1982. Ou ainda as "Notes sur Nietzsche" de Clément Rosset, em *La force majeure*, Éditions de Minuit, 1983. O melhor seria ler os três: daria uma apresentação bastante completa e precisa desse gênio definitivo e indefinível.

BIBLIOGRAFIA COMPLEMENTAR

Sobre Husserl e a fenomenologia: Um lindo e breve texto de Sartre pode ser lido primeiro: "Une idée fondamentale de la phénoménologie de Husserl: l'intentionnalité", em *Situations*, I (republicado em *Situations philosophiques*, Gallimard, reed. col. "Tel", 1990). Pode-se ler em seguida o "Que sais-je?" de Jean-François Lyotard, *La phénoménologie*, PUF, reed. 1982. Depois *Introduction à la phénoménologie* de Jean-Toussaint Desanti, Gallimard, reed. col. "Idées", 1976.

Sobre Bergson: Vladimir Jankélévitch, *Henri Bergson*, PUF, 1959, reed. 1975; ou Gilles Deleuze, *Le Bergsonisme*, PUF, col. "Initiation philosophique", 1968.

Sobre Alain: Pode-se dispensar uma introdução e deve-se evitar encerrar-se nos *Propos*. As verdadeiras obras-primas de Alain são seus livros *Les souvenirs concernant Jules Lagneau, Histoire de mes pensées, Les Dieux, Entretiens au bord de la mer* (podem ser lidos nessa ordem)... Para quem fizer questão de uma introdução, a melhor ainda é a de Georges Pascal, *Pour connaître la pensée d'Alain*, Bordas, reed. (com o título de *La Pensée d'Alain*), pela Association des Amis d'Alain, Bulletin n? 87, 1999.

Sobre Bertrand Russell: Histoire de mes idées philosophiques, do próprio Russell, trad. G. Auclair, Gallimard, 1961, reed. col. "Tel", 1988 (o livro termina com um breve "Essai sur l'évolution de la philosophie de Russell", de Alan Wood, que pode ser lida antes).

Sobre Wittgenstein: Gilles-Gaston Granger, *Wittgenstein*, Seghers, 1969. Ver também Jacques Bouveresse, *Wittgenstein: la rime et la raison*, Éditions de Minuit, 1973.

Sobre Heidegger: Françoise Dastur, *Heidegger et la question du temps*, PUF, 1990.

Sobre Sartre: Não deixou a ninguém o trabalho de introduzir à sua filosofia. *L'existentialisme est un humanisme* (reed. Gallimard, col. "Folio-Essais", 1996) é sem dúvida a melhor via de acesso à sua obra-prima, que é, do ponto de vista filosófico, *O ser e o nada*. O que não deve impedir de ler ou reler também esta obra-prima romanesca que é *La Nausée*, Gallimard, reed. col. "Folio", que a cada página tem pontos de contato com a filosofia.

Sobre Karl Popper: Como no caso de Sartre, mas num espírito bem diferente, existe uma excelente introdução na primeira pessoa: *La quête inachevée, Autobiographie intellectuelle*, trad. R. Bouveresse, Calmann-Lévy, reed. Presses Pocket, 1989.

APRESENTAÇÃO DA FILOSOFIA

Sobre Simone Weil: Pode-se ler diretamente *La pesanteur et la grâce* (reed. Pocket, col. "Agora", 1991). Para quem, apesar disso, quiser toda uma introdução, conheço uma excelente (infelizmente difícil de encontrar): Gaston Kempfner, *La philosophie mystique de Simone Weil*, La Colombe, 1960.

Uma história da filosofia? A mais curta e mais bonita é a que Alain redigiu para uma edição em braile: *Abrégés pour les aveugles*, que infelizmente só está disponível, que eu saiba, na edição da Pléiade, *Les passions et la sagesse*, 1960, pp. 787 a 843. É uma joia, mas necessariamente elíptica, que poderá ser completada pela leitura dos *Propos sur des philosophes*, do mesmo autor, PUF, 1961, assim como (para Platão, Descartes, Hegel e Comte, o que não é pouco) pela leitura de *Idées*, reed. Flammarion, col. "Champs", 1983. Isso não dispensará de ler ou percorrer verdadeiras histórias da filosofia, mais completas e pesadas. Há excelentes: a de Bréhier (PUF, col. "Quadrige"), as dirigidas por Brice Parain e Yvon Belaval (três volumes, na Pléiade) ou por François Châtelet (oito volumes, Hachette), as, mais recentes, de Lambros Couloubaritsis (sobre a filosofia antiga e medieval) e Jean-Michel Besnier (sobre a filosofia moderna e contemporânea, ambas pela Grasset), sem esquecer o monumental e utilíssimo *Dictionnaire des philosophes*, dirigido por Denis Huisman para a PUF, nem, num formato mais manejável, o que retoma os verbetes da Encyclopædia Universalis (*Dictionnaire des philosophes*, Albin Michel, 1998)... Para uma introdução, especialmente para os alunos do último colegial, parece-me que a história da filosofia mais acessível é a dirigida por Léon-Louis Grateloup: *Les Philosophes de Platon à Sartre*, Hachette, 1985, reed. Le Livre de Poche, 1996, 2 volumes, que poderá ser completada pelo *Gradus philosophique*, sob a direção de Laurent Jaffro e Monique Labrune, G.-F., 1994. Num segundo tempo, será proveitosíssima a notável obra de Jeanne Hersch, *L'étonnement philosophique, Une histoire de la philosophie*, Gallimard, col. "Folio-Essais", reed. 1993. Tratando-se especialmente do pensamento alemão, que levanta problemas particulares, cumpre assinalar a excepcional qualidade das *Leçons de métaphysique allemande*, de Jacques Rivelaygue, dois volumes, Grasset, 1990 e 1992. Enfim, tratando-se do pensamento grego, ao qual é sempre necessário tornar, não podemos deixar de recomendar a importante obra coletiva (que reúne alguns dos melhores especialistas do momento) dirigida por Monique Canto-Sperber, *Philosophie grecque*, PUF, col. "Premier cycle", 1997.

BIBLIOGRAFIA COMPLEMENTAR

Um manual? Não conheço nenhum bom – a não ser, talvez, os *Éléments de philosophie* de Alain, que não são um (Gallimard, reed. col. "Folio-Essais", 1990). Num espírito bem diferente, e ainda que não se trate também de um manual, será proveitosa (e trabalhosa) a leitura dos três grossos volumes reunidos por Denis Kambouchner, *Notions de philosophie*, Gallimard, col. "Folio-Essais", 1995.

Um dicionário? O dirigido por Lalande continua sendo útil e, sob certos aspectos, inigualado (*Vocabulaire technique et critique de la philosophie*, Alcan, 1926, reed. PUF, col. "Quadrige", 1991). O monumental dicionário dirigido por Sylvain Auroux não é menos esclarecedor (*Les notions philosophiques*, PUF, 1990) e, conforme os verbetes, às vezes o é até mais (apesar de ser, na verdade, menos um dicionário do que uma enciclopédia). Essas duas obras supõem, porém, certa cultura filosófica e até, no caso do segundo, certamente uma cultura filosófica. Felizmente, também podem ser encontrados dicionários menos ambiciosos e menos ricos, mas que poderão ser mais úteis para um principiante. É notadamente o caso do *Dictionnaire de philosophie* de Jacqueline Russ, Bordas, 1991. Enfim, lembremos que o admirável *Dictionnaire philosophique* de Voltaire não é de fato um (praticamente não comporta definições), como tampouco o são as *Définitions* de Alain, maravilhosas, mas demasiado incompletas (e que, salvo erro meu, só são encontradas na "Bibliothèque de la Pléiade", *Les arts et les dieux*, 1958). Sonhei durante muito tempo com um *Dicionário filosófico* tão livre e pessoal quanto essas duas obras, mas que definiria mais do que o primeiro e que seria mais completo do que o segundo. Não sonho mais: trabalho nele.